엘리트 시선 62

내가 여기 있음에

이
광
자 시
　　집

엘리트출판사

내가 여기 있음에

이광자 시집

엘리트출판사

□ 서문

내 인생의 마무리

　내 나이 팔순이 지났습니다. 세상에 책을 내겠다는 생각은 더욱 해본 적이 없었는데 그러다가 책을 내며 독자들 앞에 서게 되려니 글쓰기가 생각대로 무척 힘들었습니다. 어려웠습니다. 시를 쓰는 자신의 독창적인 면도 있지만 사물을 판단하는 시상이 더욱 매끄럽게 되어야 하며 세련된 글이 아닐지라도 그 안에 흐르는 맥이 하나하나가 살아있어 울림으로 자연히 깨달음을 주어야 한다고 믿습니다.

　그래서 시는 삶의 지표 연장이 된다고 할까요. 편안한 건강 상태로 인해 제대로 맑은 마음이 안되어 처음 시작한 글이 더욱 조심스러울 뿐입니다. 미사여구도 없습니다. 또한 이해를 넘기지 않으려고 서둘렀습니다. 열정을 가지고 인내와 끈기로 임했습니다.

    펜이 가는 대로 시, 수필, 자서전이랄까 스스럼없이 누구나 편하게 같이 갈 수 있었으면 합니다. 그래도 책을 1, 2년 시간 속에서 준비를 하며 더욱 아름답고 멋진 글을 쓸 수 있지 않을까? 욕심도 부려봅니다.

    저의 글을 내기까지 도와주신 장현경 평론가님께 깊이 감사를 드립니다. 편집을 하시느라 마음 써주신 마영임 편집국장님 사무국장님 여러 회원님 도움으로, 이 소중한 한 권의 책을 내게 되었습니다. 내가 사랑하는 가족과 기쁨을 함께하며 축하해 주신 친척 이웃에도 감사한 마음 잊지 않겠습니다. 이 책을 읽는 존경하는 독자님들께 늘 건강과 행운이 함께하시길 기원합니다. 감사합니다.

2024년 11월에 서정 이광자

□ 축하의 글

열정 넘치는 어머님

　우리 가족 중에서 가장 열정이 넘치는 분은 단연 시어머님이십니다. 연세가 있으셔서 때로는 번거로우실 법도 한데, 어머님께서는 그 어떤 일도 대충 하시는 법이 없습니다.

　팔십이 넘으신 나이에도 매 순간 정성과 열정을 다하시는 어머님의 모습은 가족 모두에게 깊은 감동을 줍니다. 넉넉지 않은 형편 속에서도 꿈을 잃지 않으시고, 한순간도 포기하지 않으셨기에 오늘 이렇게 작가로서의 첫걸음을 내딛게 되신 것 같습니다.

　어머님께서 그동안 가족을 향해 보여주신 진심 어린 사랑과 세심한 배려가 이번 수필집에도 고스란히 담겨 있을 것으로 생각하니 더욱 기대가 큽니다.

앞으로 어머님의 글이 많은 이에게 따뜻한 울림과 깊은 영감을 주기를 바라며, 우리 가족 모두가 진심으로 어머님을 응원하고 함께 기뻐하고 있습니다.

 며느리로서 이 특별한 순간에 함께할 수 있어 무한한 감사와 영광을 느낍니다.
 책 출간을 다시 한번 진심으로 축하드립니다.

며느리 최선미

□ 축하의 글

엄마는 내 마음의 길잡이

　엄마가 작가로서의 길을 걷기 시작했다는 소식은 저를 가슴 벅차게 했습니다. 엄마는 늘 글에 대한 놀라운 열정과 깊은 사랑을 가지고 계셨습니다. 그 글들은 단순한 문장의 가치를 넘어 연륜에 따른 삶의 깊이를 글 속에 녹여냈습니다. 엄마의 아름다운 영향력은 글을 매개로 제게 전달되어 현실을 이겨낼 힘이 되었으며 항상 제게 큰 울림을 주었습니다. 자신만의 독창적인 영감에서 꺼낸 순간순간의 일화는 사람에 대한 깊은 이해로 세상을 바라보는 시선을 따뜻하게 바꿔주기도 했습니다.

　80대 초반의 나이임에도 끊임없이 시도하는 엄마의 열정과 그 끝의 새로운 도전에 응원과 존경을 표합니다.
　엄마의 작품이 여러 세대에 거쳐 읽히기를, 독자들에게 그녀의 아름다운 영향력이 전달될 수 있기를 간절히 바랍니다.

- 딸 신정유

□ 축하의 글

축하드립니다

봄, 여름, 가을 그리고 겨울
다시 새로운 봄이 찾아오듯이

늘 같은 것 같은 시간이었지만
한순간, 삶의 의미를 담아낸 글들을 모아
한 권의 책을 만드셨다는 것에
그동안의 노고와 존경의 마음을 표합니다.

수많은 희로애락은 흘러간 세월 속에 남겨두시고
새로운 날들을 건강하고 행복하게 맞이하시길 바랍니다.

고생 많으셨습니다.
고맙습니다.

2024년 11월 늦은 가을 오후에
아들 성호 드림.

이광자 시집

- 서문 : 내 인생의 마무리 … 4
- 축하의 글 : 열정 넘치는 어머님 … 6
- 축하의 글 : 엄마는 내 마음의 길잡이 … 8
- 축하의 글 : 축하드립니다 … 9
- 평론 : 꿈과 눈물로 빚어낸 존재의 미학〈張鉉景〉… 235

제1부 향기로 길을 내며

18 … 새해 아침

19 … 우리 하나님

20 … 봄바람

21 … 벗길

22 … 새해 새날

23 … 봄의 향연

24 … 향기로 길을 내며

25 … 들꽃

26 … 봄은 오는데

27 … 매화

28 … 봄이 오면 진달래 피고

29 … 봄빛 너울

내가 여기 있음에 ··

30 … 그 이름
31 … 봄나들이

제2부 언덕 위에 하얀 집

34 … 풀피리
35 … 숲속 작은 집
36 … 희망의 나래를 편다
37 … 언덕 위에 하얀 집
38 … 사랑
39 … 파도
40 … 소나무
41 … 소망
42 … 꿈엔들 어쩌리
43 … 자연의 길
44 … 구름의 고향
45 … 흐르는 물
46 … 나팔꽃
48 … 꽃
49 … 행복이란

.... 이광자 시집

50 … 물안개
51 … 난 누굴까

제3부 물 그리고 나

54 … 세월
55 … 어느 가을날에
56 … 여름, 가을
57 … 물 그리고 나
58 … 꽃길
59 … 가을이 여정
60 … 무소유
61 … 인생이란
62 … 가을 향기
63 … 가을비
64 … 길
65 … 가을 소리
66 … 가을엔
67 … 귀여운 나팔꽃
68 … 낙엽

내가 여기 있음에 ....

69 … 노을

제4부 저 높은 하늘

72 … 저 높은 하늘

73 … 자신

74 … 해바라기

75 … 시간

76 … 전철 안

77 … 나의 길

78 … 어느 날

79 … 물의 공법

80 … 어머니

81 … 내 운명

82 … 가파른 인생길

83 … 오늘에

84 … 기쁜 소식

86 … 바다에 서서

87 … 우리 엄마

88 … 따뜻한 바람

이광자 시집

89 … 해묵은 행로

제5부 야생화(野生花)

92 … 대나무

93 … 오늘이여!

94 … 장바구니

95 … 야생화(野生花)

96 … 상처

97 … 여관

98 … 살아있음에

99 … 설중매

100 … 오늘

101 … 고향 그늘에

102 … 아침 이슬

103 … 내 마음은 호수

104 … 12월을 보내며

105 … 눈이 내리네

106 … 겨울은 오고

107 … 추억

내가 여기 있음에 ....

제6부 인생길

110 … 회개 기도

112 … 예술은 길다

113 … 무아

114 … 조약돌

115 … 욕심

116 … 인생길

117 … 마음

118 … 우리의 길

121 … 시인은

122 … 이것 역시 곧 지나가리라

125 … 삶이란

126 … 고무신

127 … 나그네

128 … 그리움

130 … 상념

제7부 내 고향 (수필)

이광자 시집

134 … 아름다운 것

136 … 노후 자금

141 … 우리 엄마

148 … 내 고향

153 … 나의 하나님

161 … 남편

166 … 바위 속 그 남자

170 … 인생길

제8부 내가 여기 있음에 (수필)

174 … 여자로 태어나서

178 … 내가 여기 있음에

184 … 우리 아이들(큰아들)

197 … 둘째 아들

203 … 막내딸

214 … 친구

221 … 자존심 자존감

224 … 보령행

227 … 가을 여행

제1부

향기로 길을 내며

노랑 빨강 파랑
잎 위에 꽃가루
꽃잎에 휘날려 바람 따라
가만히 내려앉는다

새해 아침

온 우주가 격동한다
새벽이 밝아온다

좋은 아침
나는 그곳에 마음을 담아본다

희망의 새해
오늘을 사랑하며
들리나요
내 희망의 소리

꽃처럼 웃고
베일을 벗으며
희망의 나래를 편다.

우리 하나님

우주 만물을 창조하신
나의 하나님

이곳에 오셔서
낮은 나를 돌아보시고
지켜 주셨습니다

거룩하시고 참 좋으신 하나님
이 세상 사는 동안

긍휼하게 돌아보시고
사랑하시옵소서!

봄바람

소소히
봄바람이 불어온다

처녀와 총각
바람 따라 서성거린다

구만리 길도 찾아오는 임
너와 내가 봄바람 따라
가는 길이 꽃길 되어라

어느새 웨딩마치
울려 퍼진다.

벗길

길을 걷는다
봄바람이 살랑거린다
벗 꽃길 거닐며 행복하다

앞 개천물은 꽃잎이 수놓아
반짝거린다
서로서로 감싸며
흰 구슬 너울거린다

냇물이 흐르는 사잇길로
흥겨운 향기 가득하다

곁에서 눈짓하며
진달래 여기저기 고갯짓한다
우주 만물의 조화가
이렇게 아름다우리!

새해 새날

동녘의 해가 밝아온다
새해 새날 아침

붉게 타오르는 푸른 바다 위에
솟아오르는 태양

여명의 바다
갑진년의 대망을 꿈꾼다

생각과 이성들은 파도에 부딪혀서
다시 돌아와
무지갯빛 수를 펼친다

여명의 바닷가에
희망을 부른다.

봄의 향연

꽃바람 타고 너울거린다
가락이 들려온다

은은한 봄꽃 향기
구만리길 가지 않을쏘냐

내 마음의 음률도 마음껏 퍼져간다
그대 봄이었던가

저 생동하는 봄의 향연에
즐겨볼거나!

향기로 길을 내며

노랑 빨강 파랑
잎 위에 꽃가루

꽃잎에 휘날려 바람 따라
가만히 내려앉는다

겨울이 내린 눈꽃이 아니면서
머물러 있는 너

푸른 잔디 위에
하얀 꽃가루
너는 누구지?

들꽃

봄나들이하러 가려는지
분주히 땅속에서 몸부림친다

어느 날 자기 생애에
최고의 발산할 날을 맞이한다

만나는 날 기약도 없이
잡초들과 함께 자존심 지키며
마음껏 은은한 그윽한 향기
뽐내본다

바람결에 스치는 그 향기
어디에 비할 것인가!

봄은 오는데

대자연의 힘으로
꽁꽁 언 대지를 흔들어 본다

아직은 얼음 속
흐르는 물
측량하기 어렵다

어디쯤
어디로 가고 있을까
너를 보니
나 또한 어디론가 가고 싶다

숨겨온 옛날
유유히 얼음 속에서 헤맨다
매서운 꽃샘바람이 눈치 본다
동장군도 슬슬 뒷걸음친다.

매화

꽃 중의 꽃 매화
하필이면 엄동설한에
무슨 한이 맺혀

찬 서리 눈 덮인 그곳에
그윽한 향기 품어
걸음 멈추게 한다

눈 속에 얼었던 얼굴
연분홍빛을 띠나보다

곧은 의지에 얼굴 내밀어
붉게 더욱 향기롭다.

봄이 오면 진달래 피고

분홍빛 연지곤지
누군가 샘낼세라

덕지덕지
분홍빛으로 방긋거리고
지나가는 나그네 손 내밀어
그냥 가지 못하누나

어이 하야
이 봄이면
잊지 않고 피어 만발할꼬

오늘도 분홍빛 속에 구슬 달고
못내 아쉬워 머뭇거린다.

봄빛 너울

수줍어 앳된 얼굴
봄바람 빗질하여 흩날리고

저 멀리 고향 땅

봄소식 받아
강변에 띄운다

아지랑이 봄빛 받아
살랑이며 너울진다.

그 이름

수줍게 미소 짓고
고운 햇살에
해맑게 웃는다

오늘도
물안개 끼는 언덕에 서서
그 이름 불러 본다

동쪽에서 해님이
아지랑이 불러와

봄 향기 그윽이
그 이름 수놓으려 한다.

봄나들이

어느덧 무거운 것 훌훌 털어버리고
살랑살랑 바람과 함께
봄나들이 떠난다

푸름 짙은 푸른 잎을 띄우며
꽃망울이 터질 듯
서성거리고 있구나

꽃바람을 시샘하며
여기저기 꽃가지를 흔들어가며
소식 전한다

꽃을 피우기 위해
겨우내
살얼음 속에 참고 살았네!

이광자 시집

내가 여기 있음에

제2부

언덕 위에 하얀 집

산길을 걸어본다
어느새 솔 내음이 향기롭다
다시 또 이 길을 걷고 싶다.

풀피리

풀밭에 누워 피리를 분다
지나던 바람도 뒤를 본다

산마루 언덕길에서 피리를 분다
풋보리 들판에서도 피리를 분다
소나무 숲 사이에서도 피리 분다

대나무 죽순 사이에서
마음껏 소리 내 피리 분다

신나게 우리 모두
하모니를 이루며 메아리친다.

숲속 작은 집

덤불 속 집을 짓고
향기로 길을 내며

굳게 닫힌 문을 어느새
바람이 열어준다

예쁜 햇살이 들어와
안부 전하며 외로워하는
마음 달래준다

바람과 함께 이중창 노래로
산울림 한다.

희망의 나래를 편다

어둡고 힘든 곳 있기에
동녘의 해가 더 밝아지는가

마음이 건강하고 선하게
살아온 길이었기에
희망의 나래를 펼 수 있었는지

희망은 어디서부터 오는지
어디에 있는지 모르지만

우리가 모두를 위해
사랑하며 살아가리라.

언덕 위에 하얀 집

깊은 산골 산새 소리 적막하다
앞산 넘어 그곳에 무엇이 있길래

고요한 하얀 집
뻐꾸기 소리 가냘프게 들린다
앞산을 바라본다
인생의 무상함을 느낀다

산길을 걸어본다
어느새 솔 내음이 향기롭다
다시 또 이 길을 걷고 싶다

향기로운 길을 내며
외로운 숲 돌 사이 사잇길
또다시 오려나
언덕 위에 하얀 집!

사랑

그냥 좋다
그래도 좋다
하염없이 좋아진다

자연 만물이 다시 소생한다
얼굴에 웃음꽃 피운다
사랑도 할 수 있어

바보가 되나 봐
어스름 달빛 아래
서 있는 나는 어느새

밝은 태양 아래 서 있다
아, 사랑이여!
내게로 오라.

파도

모래톱 세우며
거세게 몰아친다

휘저은 파도
그 누가 무얼 잠깐

마음대로 부딪히며
거침없이 쏟아버린다

어쩌길래 무슨 이유일까
이유도 목적도 없다

그러다
못내 아쉬워
모두 함께 조용히 가자 하네!

소나무

너는 어찌 사철 푸름만 간직하랴
푸른 숲속 푸름만 보고 있어

가까이
한달음에 푸름만 있어서일까?
너 갈 곳 다 찾아도
푸름 밖에 없어

그렇게 푸르게 푸르게
하늘을 우러러 푸른 하늘 아래
내가 서 있구나

갈 곳 없어서 이렇게 푸름으로
꿋꿋이 지켜 나간다.

소망

절망을 넘어서
소망이 보인다

무관심 무의미였던가
우리의 병이 아닌가?
절망을 넘어서 소망으로 맞이한다

성숙하게 귀를 기울이면
절망의 터널을 지난다

희망의 시작 새로운 삶을
소망을 위해 살지 않으렴!

꿈엔들 어쩌리

내 꿈
나의 꿈

지나간 꿈 잡히지 아니한
많은 걸 또 이루고 살았다

하고 싶은 것 얼마나 많았겠는가
이루지 못했다
왜
해야 했는데

마음 가는 곳 꿈이었다
생각하는 곳도 꿈이었다
무엇을 꿈엔들 못 이루었을까!

자연의 길

숲에서 눕는다
조약돌 위에 거닌다

강물을 지르며
뙤약볕 아래 서성거린다

바람마저
가슴에 안긴다

구름도 두둥실
나는 자연 그대로가 좋으련만.

구름의 고향

멀고도 먼 내 고향
끝도 없이 마냥 흘러만 가는 곳

가는 곳 어디지
목적도 없다
이유도 없다
그냥 흘러만 가면 된다

어느 날 푸른 하늘 저 높이
머리 위에 놀고

비 오는 날 검은 구름 되어
쾌속정으로 줄달음치고

넌 고향도 없이
어디로 왔다가 어디로 가는지!

흐르는 물

처음도 끝도 없다

그냥 가면 되는 줄 아나 봐

누구도
바다의 고향을 묻지도 않는다
강이었는지 개천이었는지
혹 계곡이었을까?

그런들 무슨 소용이 있으랴
그냥 이리저리 가면
내 고향이지 뭐.

나팔꽃

큰 고무나무 얼어버린 그곳
씨 뿌리지도 심지도 않았는데
그 곳에 연하디 연한
푸른잎 2개 싹이 움튼다

이게 뭐야
이게 누구야
어디서 왔을까
그래 나하고 살고 싶어 왔니!
반갑고 사랑스럽다

물을 주니 더욱 귀엽구나
줄기가 서로 엉켜
희로애락 같이하네!

보라색 예쁜 꽃이 여기저기 핀다
베란다가 시원하다
나에게 애정을 듬뿍 주어
기쁜 소식 전해 주네

아, 나팔꽃이여!

꽃

반드시 봄에만 피어 있으랴

여름에도 가을에도
꽃은 피는데
누가 무엇를 어쩌랴

하물며 겨울에도 못내 아쉬워
움츠렸다 피어오른다
나무도 다 다르게 자란다

저마다 꽃도 다르듯이
인생의 봄 여름 가을 겨울이 다르다.

행복이란

목적지에 있지 않다

목적지에 가는 여정이 있는지도
그 여정의 한 길목에 서 있다

나는 생각한다
희망이란 있다고 할 수 있고
없다고 할 수도 있다

그것은 내가 걸어온 길과도
같은 것이다
내가 만들어 간다.

물안개

촉촉이 가랑비 내린다
강 건너 언덕 저곳에
피어오르는 무한한 꽃송이
그리워 멈출 수 없다

내가 거기 서 있기에
아련히 떠 오른다

새하얀 이슬 머금은 그곳
내 세상 내가 모두 가졌노라

비 내린 강 언덕에
아련히 피어나는 꽃
점점 그리워진다.

난 누굴까

멀어져간 빈자리
누가 메꿀까!

갓 여린 나
나의 존재만 큰 힘이 되고

그대 발길 내딛는 곳에
맑게 갠 파란 하늘

고마운 마음
꽃이 되어라!

이광자 시집

내가 여기 있음에

제3부

물 그리고 나

나는 어떻게 가느냐
어디든 끝까지 변함없고 함께하는 인내심
유유히 바다로 대의를 이루려면!

세월

먼 길을 돌아 돌아 와보니
세월이 있네

그 세월 속에
기쁨과 고통과 눈물이
범벅이 되었다

그 세월은 참 우습다

어떤 날은 햇볕이 쨍 비추고
또 어떤 날은 구름이 끼고
때로는 비가 오고
소나기도 세차게 내린다

이제 하얘진 머리로
하늘을 우러러본다.

어느 가을날에

나는 아무 이유도 없다
나는 아무 뜻도 없다
나는 아무 까닭도 없다

그런데 무슨 이유인가
어느 날인가 나의 곁을 스치노라면
스산한 바람이 스쳐 지나간다

웬일일까?
미움이 시작되나
무엇이 어쩌기에
아무것도 모르는 체 그냥 지나친다

그래도 적셔온다
참아본다. 화를 낸다
그때도 담담히 지나가 버린 나
바보일까?

여름, 가을

햇볕이 따가워
나무들이 무성함으로
잔치를 이룬 나뭇잎들
너울거린다

가을 문턱을 지나
차곡차곡 영글어 가며
알알이 쌓인다

겸손히 머리 숙여
늦가을 읊조리며
황금 너울 이루네!

물 그리고 나

자연의 섭리 따라 순리 따라
순수하게 따라가는 너
참 위대하구나

어떠한 물도 마다치 않고
함께하는 포용력

모든 것 수용하고 무엇이나 어디서나
담담히 어디든지 같이 가는
그 겸손함

나는 어떻게 가는 걸까?
어디든 끝까지 변함없고 함께하는 인내심
유유히 바다로 대의를 이루려면!

꽃길

꽃길 따라 바람 따라
넘나든 황혼길

마침내 순백함 접고 접어
물길을 연상하는구나!

이 황홀한 꽃길을 걸어
난 어느새
숲속의 요술 공주가 된다

또 다른 자연의 소용돌이 속에
내가 있어
그 누가 이 같은 행복을 누릴까!

가을 여정

푸른 시절 뒤로 하고
이제 황금빛 물결 이룬다

시인의 가는 길에
낙엽이

울긋불긋 색바람에 물들고
해 질 녘 산그림자

들녘에 내려앉은
노을빛이 아름답다

낙엽을 밟으며
사각사각 걸어본다.

무소유

인생 텅 빈 곳
내 앞에 있는 것
아무것도 없다

흰 구름만 보이는가!
황혼길 뒤돌아보며
또 뒤돌아본다

남은 것 무엇이 있으랴
또다시 머뭇거려도

속마음까지 비웠노라
뭐가 있단 말인가
아무것도.

인생이란

사는 것
지나온 세월

오늘을 사랑하며
다리를 놓는다

그리고 겹겹이 탑을 쌓아 올린다
세월 속에 잦아든 내 마음

뜻깊은 인생은 나였든가
그대였던가!

가을 향기

코스모스 한 아름 안고
가을을 활짝 연다

꽃처럼 웃는다
가을 향기

인생은 소풍처럼
낙엽 밟는 소리
우리를 즐겁게 한다

또 맞이하는 가을
왔다가는 향기
가을 향기런가!

가을비

비가 온다
바람과 함께 낙엽이
갈 곳을 잃는다

대지를 빗질하니
지난날 추억을 속속히 물 머금고
사색이 깊어만 간다

길은 어둡고 귀뚜라미 소리도
들리지 않는다

어느 때 그칠지
바람 소리 속속히 불어온다
음악의 장르
단조 맞추며 주룩주룩 내린다.

길

길을 가면 걸어온 길은 있다
휘어있다

돌아보면 지나온 길은
보이건만 가야 했던 길은
아득히 보이질 않는다

끝이 없다
정처 없다

걸어가는 사람이 많아지면
그것이 곧
길이 되는 것이다.

가을 소리

들리나요
들려오는 소리

한여름 무더위가
찾아간 너의 집 문을 활짝 여니
수줍은 코스모스 활짝 웃으며 반기네

어설픈 허수아비
얼굴 보이지 않고
가을 소리 들리네

귀뚜라미 찌르륵 찌르륵.

가을엔

바람은
소소히 가슴에 안긴다

그윽한 들국화 향기
한 아름 안고

멀어져간 낙엽 따라
강가에 서성인다

강물에 띄운다
물색이 아름답다
가을 노래 부른다.

귀여운 나팔꽃

그대는 누구길래
못내 아쉬워

긴 세월 그리움에
불러도 대답 없네!

가슴 아픈 사연
보고파 메아리친다

멍든 가슴
그대는 누구기에.

낙엽

풋풋한 향기
그윽하다

사각사각 발길을 치며
가을 소리 들린다

불러도 대답 없는 이름이여
조용히 실바람과 함께

깊은 가을을 위해
스치고 지나가누나.

노을

저녁노을이 붉게 탄다
석양 아래가 이렇게 황홀할까?

산등성이도 바다도 모두가
붉게 토해낸다

이렇게 신비스러운 자연을
그 누가 헤아릴 수 있단 말인가?

나의 거룩한 신
하나님 아버지시여!

이광자 시집

내가 여기 있음에

제4부

저 높은 하늘

오늘도 내일도 덧없는 세월
일생에 한탄하지 말며
살아가잔다.

저 높은 하늘

흘러간 세월
푸른 빛 하늘에 흰 구름만

하염없이 흘러 흘러
어딘들 목적 없이 끝없이 가는구나

누구를 위해 어디로 가는지
아무도 모른다

오늘도 내일도 덧없는 세월
일생에 한탄하지 말며
살아가잔다.

자신

스스로 만들어 간다
방법은 언제나 내 안에 있다

경로를 이탈한
아웃사이더에 불과할지라도
무의미하지 않다

세상의 경로
세속이 만든 관습과 문화

나에게 똑같이 적용되는 건 아니다
나 가는 길….

해바라기

왜 또 나를 바라보며 따라오느냐
뭐 그리 좋아 방긋거리며

진종일 또 웃음 지며
너를 바라보니 나도 한결
나의 진리를 생각해 본다

만 우주를 밝히는 너를
가는 대로 얼굴 돌리며
미소 짓는 너의 모습에

언제나
행운이 깃들리라 믿어본다.

시간

시간은 그 가치에 따라
값이 난다

인생은 스스로 하나씩
노력해야 한다

막히면 돌아간다
지혜를 떠받들고 겸손히
갈 길 가다 보면 오늘이 온다

유유히 흐르고 흘러
끈기와 인내심으로
대의를 이룬다.

전철 안

인간이 살아 숨 쉬는 곳
여러 가지 색깔의 사람들
그 틈에 끼워 침묵하며 스쳐나간다

이 많은 사람 중
빨강, 노랑, 파랑, 무지개색
옷을 갈아입고

인생의 희로애락 모두
짐을 지고 타고 내린다

우리 함께
전철은 특별한 만남이 없이
똑같이 간다.

나의 길

머나먼 그곳
보일 듯 말 듯했는데
이제는 내 팔 안에
잡히는 것 같다

언제 이렇게 가까워졌을까?
나도 모르는데 저 건너에 있구나

어쩜 허무한 세월 인생이었기에
어찌 어디에 보답할거나

가엾은 나의 길
바로 옆에 있구나!

어느 날

차를 마신다
찻잔에 얼굴이 피어난다

그리운 사람이었을까
잠깐 망울망울 사라진다

내가 언제나 사랑했을까
언제 그토록 보고 싶어
스쳐 지나갔을까!

쓴웃음만 얼룩거린다.

물의 공법

어느 조건도 이유는 없다
가는 대로 그냥 가면 된다

세상사가 이렇게 순탄할 수가 없다
옆으로 가든 바위틈 사이로 가든
아랑곳없다

어느 누가 무어란 이유 없다
그냥 흘러가면 된다
거슬러 올라가는 것도 더더욱 없다

인간(人間)도 이런 마음으로
살았으면 좋으련만.

어머니

불러도 불러도 대답이 없다
비우고 비워도 더욱 보고 싶다
효도 못 한 탓일까

나 자신이 미워진다
조금 더 잘할 걸
그래도 채워야 했다

다시는 볼 수 없는 줄
뼈저리게 아팠으면
이렇게나 후회할까

왜 담아서 내어주지 못했을까?
엄마, 내가 잘못했어요
비워도 채워지질 않아요!

내 운명

저 구름 흘러 흘러
내 운명도 흘러 흘러
이렇게 시작이다

누가 무어라 해도
정처 없이 흘러간다

내가 어디로 가는지
무엇 때문인지
현재도 미래도 없다

지금 어디로 가는지도 모른다
내 인생이다
내 운명이다.

가파른 인생길

인생의 길
뽀적뽀적 서 있는 바위틈

사이사이 지나오며
찢겨서 상처투성이네

흙으로 덮고 물로 씻어낸
그래도 깊이 파고든 상처

이 피고름이 언제쯤 나을까?
몇 번을 찢기고 멍이 들더니

어느 날 뒤 돌아보니
깨끗이 나았네
태양은 떠오르고.

오늘에

살아있음을 안다
오늘이 있기에

가파른 숨결로 찾아간
나의 대로

순조로운 오늘의 삶을
맞이하며

행진한다.

기쁜 소식

행운을 주는 나의 나팔꽃
애정스레 활짝
웃음으로 인사한다

줄기마다
줄기차게 얽히며 뻗어
푸른 잎줄기마다
짝을 이루어 꽃을 피운다

너는 내게 평안을 주는구나
사랑한다
나팔꽃

꽃을 이렇게 가득히 피워
아름답고 상쾌하다

찬란한
아침의 영광

너를 생각하며
언제나
기쁨으로 맞이하리!

바다에 서서

나의 우주로다
모두가 내 것이어라

저 끝은 어디엔들 어떠하리
내 마음 그곳에 있으리

해가 솟아 오른 동녘 하늘 아래
그 무엇이 부러울까

난 바다
알 것 같으면서 모르는 비밀을
간직한 너였기에

아무도 모르게
마음껏 사랑한다.

우리 엄마

보고 싶다
문득 생각난다

내가 지나온 세월
무얼 그리 잘하질 못했기에
가슴 아린다

숱한 세월 자식을 위해
희생만 해온 우리 엄마

어느 날
훌훌 떠나셨네

후회와 눈물만 남는다
우리 엄마.

따뜻한 바람

훈훈한 바람 정겹다
코끝이 넘실거린다

눈가에 어느새 가물거린다
웃음꽃 핀다

마음은 아늑한 곳
푸근한 바람
가슴으로 메아리친다

푸근한 그곳
따뜻한 바람
가슴에 메아리친다.

해묵은 행로

언제였던가?
나의 가냘픈 존재

못내 아쉬운 세월
나는 발돋움하지 않았던가

지나온 세월
또다시 벗겨본다

벗기고 또 벗겨보니
가는 길이 끝이 없다
저 넓은 광야는 끝이 어디인가

얘야!
인생이 어렵지도 않지만
쉽지도 않단다.

이광자 시집

내가 여기 있음에

제5부

야생화(野生花)

아무도 알아주지 않아도
은은한 들꽃 향기에
가던 길을 멈추게 하는구나!

대나무

소소히 무리를 지어
흔들거린다

어디선가 스산하다
사각사각
경음악 소리 은은히 들린다

아랑곳없이 한길로
쭉쭉 뻗어 나간다
무척 외로워 보인다

그래 나만의 의지가 강하니
한 곳만 줄기차게
나아가 보자.

오늘이여!

새벽
어둠을 밝히고 있구나

나무, 숲, 새, 우리 모두 깨운다
숭고한 오늘이여!

거침없이 물밀듯 흐른다
훌훌 털어버리자

또 내일, 희망의 나래를 펼친다
오늘 내가 있어야 한다
오늘이 되련다.

장바구니

빨강, 노랑, 파랑, 하얀, 검정
가지각색 바구니에 담는다

내 마음도 담아본다
무겁고 힘들다

이제 훌훌 내려놓는다
매우 가볍고 편하구나

훌훌 내려놔도
될 것 같네!

야생화(野生花)

풀인 줄 알았는데 꽃을 피운다
우리는 마음대로 짓밟았는데
너는 자존심에 얼마나 눈물 흘렸니

그래도 비가 오면 빗물을 마시며
꿋꿋하게 꽃을 피우는구나
너는 생명이 있는 날까지 최선을 다한다

누가 너를 모른 채 지나쳐도
넌 오직 한마음 꽃을 피우기 위해

아무도 알아주지 않아도
은은한 들꽃 향기에
가던 길을 멈추게 하는구나!

상처

칼로 에인 곳에 피가 났다.
그동안 곪아 터졌으리라

얼마나 참고 또 참았으리
견디다 못해
착하디착한 마음 간곳없다

왜 자존심 짓밟을까?
이유야 있겠지
그래도 내 마음 살얼음이었네

그 누가 움푹 팬 가슴에
돌이 되어 있으랴!

여관

누군가 가방 하나 들고
들어오는 곳
잠시 머무르다
훌훌 털고 간다

외로움에 젖어 혼자 흐느낀다
아무 까닭도 없이
눈물 흘린다

왜 그런지도 모른다
혼자서일까?
외로움일까?

이젠 같이 떠날 수 있어야 한다
그곳은 가방 하나
하룻길밖에 없으니.

살아있음에

새벽이 밝아온다
광명의 아침이다

밝은 해가 떠오른다
내 가슴도 솟아오른다

푸른 하늘 희망으로 가득 차
구름도 춤을 춘다

저 그곳 무엇이 있음에
살아 꿈틀거린다.

설중매

너는 뭐길래
눈 속에서도 꽃망울을 터트리며
향기를 품어내는지

어허 귀하고 귀하다
겨우내 필까 말까 망설이다
몸을 풀어 녹여본다

매서운 눈보라 속에
못내 아쉬워

더욱 화사한
짙은 향기로 꽃을 피운다.

오늘

어제를 추억한다

문을 활짝 열고
그냥 한없이 행복한
오늘 내가 있어야 한다

살아가는 것
지금 하고 있다

내가 살아 있기에
내가 없으면 오늘도 없다.

고향 그늘에

진달래꽃 한 아름 안고
강가에 서 있다

저 멀리 흘러가는 구름아
어디로 가느냐
내 고향 산천 그리워
뻐꾸기 우는 곳 찾아가느냐

산울림에 노래 부르며
바위틈 사이사이 철쭉꽃
얼굴 내밀며 숨바꼭질하잔다

너는 가위 나는 보
누가 이겼지?

아침 이슬

새하얀 햇빛 아래
방울방울 보석이 찬란하다

참 너는 어떻게 빛난 보석이 되어
잠시라도 황홀함을 더 할 수 있을까?

진줏빛 물방울
언제나 그렇게 이슬로
남아 주었으면

이 세상 또 다른 세상
더욱 아름다워지겠지!

내 마음은 호수

잔잔한 물결 따라
마음은 흘러간다

어느 결에 덧없는 생각으로
진정 닮아야 할 길

또다시 저 멀리 흘러 흘러
이제 텅 빈 마음 가운데

호수 되어
잔잔히 흐르네!

12월을 보내며

12달 살아온 삶이 저물어 간다
마지막 달을 보내며 후회하지 말자

이제는 모든 마음 비우고
기쁘게 가보자
화해와 용서의 촛불도 켜야 한다
무엇이 남아 주겠는가!

저물어간 한해 떠나가고
힘든 끈 놓고 간 자리
후회 없이 떠나자

놓고 간 자리
삭막하다고 절망하지 말자
새해가 밝아온다.

눈이 내리네

눈이 펑펑 내린다
작은 산 숲길을 메운다

누군가 발자국을 남기며
내 마음의 눈길을 밟는다

마냥 가고 싶은 길
어디인 양 겨울은 오고

눈이 펄펄 내리니
무엇을 할 수 있을까?

겨울은 오고

갈바람이 뒷걸음치며
눈은 조아린다

매서운 바람 소리 늘 소소히
불어주련만
우리 임은 머뭇거려 오지 못하리

대지에 내린 햇살
잠시 머물다 떠나고
진눈깨비 몰려있는 낙엽은
갈 곳 없어 방황한다

동장군
이제 눈보라 매서운 바람 몰고 왔으니
이 겨울
언제쯤이면 떠나리오.

추억

지난날 허기진 날
한세상이 익어간다

어디선가 돌고 도는 바람
구름도 함께 떠도는구나

지난날 무얼 들락날락했나
오늘도 노을빛

산을 넘으며
다시 내일 온다네!

이광자 시집

내가 여기 있음에

제6부

인생길

남은 세월이 있기에
조금 더 성숙한 삶으로
맞이할 텐데!

회개 기도

고요해지고 싶다
침묵하고 싶다
두렵고 떨립니다

아버지 하나님!
나는 이 죄를 어찌하오리까
용서를 바라고 회개해도
묵묵히 바라보시는 하나님

내 또한 교만이 아닙니까
아무 쓸모도 없는 마른 막대기
사랑하렵니다

내가 무어관대
정죄하고 판단하려고 합니다
용서하옵소서
모두를 사랑하게

따뜻한 마음을 담습니다
언제나 사랑하게 하옵소서!

예술은 길다

인생을 살다 보니
백 년이 무슨 말인가

계절이 바뀌다 보니
1년 365일 꽃이 되어 만발해도
열흘이면 떨어지네

예술은 영원하리
수년 기나긴 세월도
무심치 않고 가네

빛나는 예술이여
너는 영원하리
길이길이 영원한 것은
예술인가 하노라.

무아

마음은 안개 속이다
욕심을 껴안고 있었기에
부질없이 헉헉거렸을까?

가만히 놓아버리니
이렇게 가벼운걸
텅 빈 가슴이 시원하다

아무 생각 없이 좋다
번뇌 속에 살아온 세월

아픔만 있었길래
이제는 헛된 굴레에서
벗어나 씻어버린다.

조약돌

파도가 풍파 속에 부딪힌다
몸부림친다

얼마나 많은 세월
견디며 지내왔으리

인고의 삶이 여기에 있었구나
그토록 모난 것 없이
둥글납작 비슷한 삶이었구나

은은한 바닷소리 노래 삼아
이리 둥실 저리 둥실 춤을 추며
변함없이 지내보련다.

욕심

욕심이 나를 부른다
나의 탐심이 아닐까
또 나도 모르게 담을 넘는다

무엇 때문일까
잡힐 듯 잡히지 않는다
어느새 허무한 세월
내 마음 갈기갈기 찢기네

아! 불행의 씨앗이 여기 있었구나
후회한들 어쩌랴
사망의 골짜기에 와 있구나!

인생길

산과 강, 바다 넘어 와 보니
그곳이 바로 그곳이네

어찌 그리 돌고 돌았겠느냐?
뜬구름 하염없이 흘러가는데
강물 같은 세월
흘러간 아쉬움 그리워 지네

인생을 바라볼 수 있는 세월
일찍 깨달았으면

남은 세월이 있기에
조금 더 성숙한 삶으로
맞이할 텐데!

마음

줄기차게 엄습해 온다
누가 이 마음 알아주랴

눈물이 주르륵 흐른다
참으며 인내하면 된다는데
그래도 뒤통수를 내려친다

아, 폭발이다. 드디어 터졌다
내 마음 내가 어떻게 감당하랴
밑바닥에서 허덕인다

누구 하나 건져줄 리 없다
더욱더 튕겨 나간다

마지막 남은 자존심이 뭐길래
너는 마른 막대기인 만큼
이래도 된다고 하더냐.

우리의 길

모두 다 길이 있다
길은 사계절이 있다
길은 희로애락이 있다
그 길이 어떤 길일까?
자기의 길이 어디에 있는지
어디로 가는지
무엇 때문에 가는 길인지
자기도 아직 모를지언정, 모를지도
넓게 펼쳐진 큰 대로, 확 트인 길
좁은 길 가파른 길은 내가 다녀왔다

그래도 비탈길은 갈 만도 했지만
이 길도 아니고 저 길도 아니면
더욱 망망한 대해에 노 저어 가누나
성경 말씀에는 좁은 길로 가라고 한다
넓은 길은 사망의 길이라는데
언젠가는 내가 소망하는 길이 있다

천국 가는 길이 소망이자 소원이다
자기 갈 길을 모르고 산다
과연 어디로 가야 하는지
모두가 평평대로로 갔으면 하련만
내 어찌 가고 싶다고 갈 수만 있을까

아직도 우리 모두
나는 가기 싫어 가야 할 때의 그 길
어쩜 나의 힘든 세월의 푯대로 되었다
그래도 아스라이 사라진 그 길이
잊을 수 없는 길 추억의 길이었으리
가자 또 가자
나는 살아있으니
가다가 중지하면 아니 감만 못하리라

큰길, 좁은 길, 오솔길, 가파른 길, 숲길
행복의 길, 운명의 길, 생명의 길

내가 가는 길이 있을까?
나는 바른 길로 가고 싶다
그 사람을 보면 길이 보인다
어떻게 보인단 말인가
오늘도 순응하며 뚜벅뚜벅
앞만 보고 길 따라가자.

시인은

시인은 만물의 순리를 따른다
드넓은 자연을 본다

내가 하고자 하는 지평선을 넘어
그곳에 이른다

시인은 소소한
바람만 안고 산다

어디에 있든 명상하며
머나먼 그곳에도 나래를
하염없이 편다.

이것 역시 곧 지나가리라

비가 내린다
비를 맞아 돌다리를 건넌다
물에 흠뻑 빠진다

얼마나 허우적거렸는가?
겨우 간신히
풀뿌리 나무뿌리 붙잡아
흔들리는 가로수에 몸을
의지하며 일어선다

가닥가닥 흐트러진 세상을 바라본다
숱한 갈등
오랜 세월 거슬러 올라간다
어딘가에
나도 그곳에 서 있다가 휘말려
바람결에 나부낀다

고뇌와 고충도 있으리
견디지 못한 일
참아서는 아니 된 일
얼마를 더 가야 할까

끝이 보이질 않는구나
행복과 불행이 한꺼번에 몰려와
이제는 못다 한 것 다 지나간다

이제 모든 것
순간 파노라마 되어
절망은 지나가고 햇빛도 쏟아지고
세상이 밝아진다
의지할 곳 찾아갈 곳도 있다

겸손함을 가슴에 안고
나 자신을 돌아보는

넓은 바다 위에서
즐겁게 파도를 탄다

모든 것은 다 지나가리라
이것 역시
곧 지나가리라.

삶이란

어제를 추억하고
오늘을 사랑하며
내일을 희망한다

마음속 깊은 곳까지
이 황홀함
누구에겐들 줄 수 없다.

고무신

내 신발은 검정 고무신
우리 친구도 검정 고무신
옆집 남자 친구는 하얀 고무신
전학해 온 친구 신발은
연두색 리본신

엄마를 졸라
내 신발도 연두색 리본신
우리 교회 사모님 신발은
발가락 나와
다 달아버린 하얀 고무신

또 다른 신발은 무얼까
이 세상 제일 좋은 신발은
모두 다 고무신이야.

나그네

나그넷길
길손이 되어 떠난다
스스로 가야 할 곳을 찾는다

어디서 와서 어디로 갈까
저 푸른 하늘엔
뭉게구름 흘러가고

희망이 없는데
목적은 어디일까
과연 난 어디에서 왔나

그리고 어디로 가는 걸까
무엇을 했을까
마음마저 둥둥 헤맨다.

그리움

그리워 그리워
왜 이토록 사랑했을까
너무 사랑했기에
더욱 가까이 가질 못했다

못난 나
그래도 그래도
참고 견디어야만 했다
지금도 변함없이 사랑하나 봐

나는 줄 게 없는데
가지고 갈게 더욱 없는데
우아하지도 않은데
사랑했다

왜 마음은 이대로일까
세월을 원망하랴

잊으오리다
부디 외로워 마시고
행복하소서.

상념

저 먼 그곳에 서 있다
어찌 이곳 여기에
몸부림이 있어 깨달을 수 있기에
어떤 목적으로 살아가야 하는가
본질을 깨달아야 한다

내 삶의 지경이 넓어지면
미래 지향적이다
비전을 가지고
자신을 들어내고 신뢰한다

자신을 만나리라
그런데 나도 간절한 목마름이 있는가
상황이 확신을 갖는다
절망이 너무 길어서
소망으로 나아가는 길이다

사모한 마음이 있다면
간절함도 있으리
무늬만 내는 인간
향기를 주는 인간 되었으면.

이광자 시집

내가 여기 있음에

제7부

내 고향

저 구름 흘러가는 곳
그곳은 어디. 그 옛날 냇가 모두 다
어디로 가버려 찾아볼 수 없다.

아름다운 것

　지나온 세월을 지나오면서 세상에서 아름다운 것이 무엇일까? 어느 순간에 떠오른다. 뭘까? 무엇일까? 깊이 생각하려니 더욱 암담해진다. 차라리 세월을 꿋꿋이 헤치며 살아온 것이 아름다울까? 예쁘게 아름답게 곱게 피어나는 꽃이 아름다울까?

　그러나 꽃은 꽃일 뿐 오랜 아름다움이 없다. 그럼? 가치관이 일직선이 되어 방향이 잡혀야 한다. 나 자신을 속일 수 없는 정직한 마음이 필요하다. 더욱 겉치레 따위는 필요 없다. 분장할 리가 없지 않은가! 오직 하나가 되어야 한다. 이것으로 더 할 수도 없고 뺄 수도 없는 것이 마음 아니겠는가! 예쁘고 고운 마음이 아름다운 꽃을 피우지 않겠는가!

 아마도 영원히 시들지 않는 꽃은 마음의 꽃이리라. 어쩜 모난 돌이 둥근 돌이 될 수 있게 만들어가는 마음속이 아름다움이 아니랴! 그 누가 흐르는 물을 그냥 흘려보낼 수 있으랴. 마음으로 다져가며 흘러 흘러 보냈으리라. 이제는 저무는 해를 바라본다. 마음과 함께 모습도 함께 이 세상 살아가면서 제일 변하지 않은 것은 자신의 마음이리라.

 천성이 아름다운 경우도 있으리라. 천성이 악한 마음도 있을까? 아름다운 내 마음 믿어 볼거나. 어느 누가 무어라 한들 나만은 내 마음 내 마음이야. 시들지 않은 영원한 꽃을 그리며 변하지 않으며 살아가리. 저 건너 폭포수에 몸과 마음을 담아 씻었소이다. 둥글게 둥글게 마음의 꽃을 피우리.

 마음의 둥근 돌이 우연일 리 없다. 낮의 둥근 태양도 온 우주를 비춘다. 밤하늘의 달은 둥글고 밝기만 하다. 그곳에 화려한 별은 더욱 빛난다. 찬란하다. 다듬어진 둥근 돌이 되어 몸과 마음이 아름다워 지리라. 꿈이런가 희망이었든가! 하늘이여! 영원히 아름다우리.

노후 자금

　20여 년이 지난 세월이었다. 우리 아이 셋에게 작은 집이라고 마련해 볼까 싶은 마음에 이곳저곳 다니다가 '노량진 한강 변'이 좋아 보여 그곳으로 가보았다. 물론 부동산 소개로 여러 곳을 둘러본다. '지역조합'에서 자기 집 낡은 집 가지고 있는 주인이 조합원이 되어 싸게 아파트를 추진하고 있는 곳을 소개받아 가보았다. 위치는 사육신묘 맞은편과 건너편에 있는 오래된 집들을, 조합을 만들어 추진 중이라는 것이다. 부동산을 통해 남은 분양권을 빨리 구하기 위해 추진위원회라는 곳을 소개받았다.

　마침, 소개받은 사장이 나와 고향이 가까운 곳에 살았던 분이었다. 반가워 더욱 친밀감이 있어 좋았다. 회사는 대방동 유한양행 건물 3층에 사무실이 있었다. 이 지역 '지역조합'과 시행사를 맡았다면서 회사를 이곳저곳 소개를 했는데 지하에 자기들 회사 차라면서 외제 차가 몇 대인가 소개도 했다. 마음속으로 회사가 튼튼하다고 생각하며 그 뒷날 집에 와서 생각할 겨를없이 계약금 5천만 원씩 3채를 아이들 각자 앞으로 계약을 해주었다.

 조금 있으면 분양권 때문에 프리미엄이 얼마든지 올라갈 수 있다면서 서울에서 한강을 바라보며 이 좋은 곳이 또 어디 있겠느냐며 서로들 줄 서서 계약을 했다. 얼마나 흐뭇했는지 모른다. 다른 아무것도 생각할 바 아니었다.
 그해 겨울이 지나고 설이 지나도록 계속 개인 집들 정리하느라 시간이 좀 걸린다면서, 추석 무렵 고향 사람인 김 사장이 직접 계약서에 있는 주소를 보고 우리 집에 찾아왔다. 회사가 너무 크고 이것저것 할 일이 많다면서 그곳에 상가를 주겠다고 1억 원을 더 주면 필요하게 쓰겠다며 위치가 제일 좋은 상가를 먼저 줄 수 있다며 찾아왔다.
 20여 년이 지난 당시를 돌아본다. 그때는 순수하고 부정적으로 판단하지 않은 마음이었으리라. 세상사가 민심이 이렇게 각박하지 않았던 것 같다. 지금보다 인간관계는 정이 많앉고 훨씬 좋았던 것 아니었는가!

 그런데 고향 사람 김재홍은 나에게 철저히 사기를 쳤다. 2억 5천만 원이라는 돈, 난 천진스럽게 "김 사장" 난 이자 노릇하며 사는 사람 아니냐, 앞으로 내 노후에 쓸 노후 자금인데 한 2년만 이 돈 쓰고 원금만 돌려다오. 이자는 주지 말고 우리 고향 어르신들 얼마나 못 먹고 못 사시누. 이자 준 셈 치고 고향 돌보며 어르신들에게 베풀며, 김 사장은 사업도 번창하게 잘 된 것 같으니 많이 도와줘요. 원금만 꼭 돌려줄 줄 믿어요. 지금 생각하면 나 같은 사람을 어리석다 못해 부족한 사람으로 취급하지 않았을까? 사람을 믿으면 그렇게까지 보이지 않는 무언가가 있는 것 같다. 고향 모두는 아니지만 두렵다.

 그러니까 양쪽에서 동네 가운데 파고 있는 조합장은 조합장대로, 시행사 겸 조합이라는 곳은 조합 도장 도용해 계약서를 써주고 겨우 전세 월세 사는 그곳의 많은 사람에게 계약금 또는 분양권 받아 돈 안 내고 들어갈 수 있는 조건이라며 아파트 전체 들어갈 돈 받아 양쪽에서 사기행각을 했다. 분양권 계약에 재산 전체를 다 바친 몇 사람과 함께 30명 정도 합해서 법적으로 들어갔다.

사기 친 김재홍은 돈 줄 생각은 전혀 없고, 길거리에 나앉을 사람들 가슴 아프다.

30대1 모두 법에서도 승소하지 못했다. 그쪽 변호사 등 다 짜고 매끄러운 판사까지 다 합쳐 당해낼 수 없었다. 너무 억울해 개인적으로 변호사를 사서 법적으로 시작했다. 김재홍은 중간에 검찰청에 들어가 얼마간 갇혀 살았다. 다시 법원의 판결 후 또 빠져나왔다. 이제는 나에게 "언제 돈 주었나 돈 받은 적 없다" 한다. 잠깐 기절했었다. 손과 지능을 가진 인간은 법도 만들고 경제도 만들고 정치도 만듭니다. 문제는 인간의 욕심은 아무리 채워도 채워지지 않는다는 것입니다. 내가 여기서 잘못되어지는 게 무얼까?

"욕심이 잉태한즉 죄를 낳고 죄가 장성한즉 사망을 낳는다"

S, M, 세르반테스가 "정직"함은 가장 좋은 정책이다. 고 말한 것처럼 정직은 사회 절대 가치입니다.

지난 세월 나의 노후 자금과 가짜 분양권 받은 많은 돈, 그 당시 경리 미스 김과 20년이 훨씬 지난 세월 어떻게 지금껏 같이 살고 있는지? 가슴에 깊은 상처만 남아 감돈다.

많은 사람에게 평생에 이러한 모습으로 남아있지 않아야

한다.

  김 사장의 본 부인은 암으로 시달리며 겨우 살아가고 있다는 소식만 접했다. 본인이 직접 전해준 말에 의하면, 그의 아들도 군에 입대하였으나 정신이 이상이 있어 병원에 있다고 한다.

  참 우울한 심정이다. 그 여인이 남편을 이렇게까지 만든 건 아닐 것이다. 속히 쾌차하기를 기원한다.

우리 엄마

　내가 초등학교 1학년 때였다. 키도 작고 체격도 작아서인지 무엇이든 잘 먹지 않아 안 먹는 게 그렇게도 많았다. 첫째는 밥은 거의 안 먹고 소고기는 누린내가 나서 내 수저는 감춰두고, 돼지고기는 건너 친구네가 키우는데 울안이 더러워 안 먹고, 닭은 우리 집에서 키워 이것저것 보이니 싫었다.

　나는 어린 나이에 아무것도 모른 체 그래도 부유한 집에서 살았다. 나의 전성시대였다. 당시의 우리 집은 제일 위치가 좋고 제일 큰집에서 살면서 큰 슈퍼마켓과 뒤쪽으로 방이 많아 식당과 여관을 했었다. 내가 가게에 나오면 무엇이든

먹을 게 많았는데도 아무것도 먹고 싶지 않았다. 몇 년 전 우연히 초등학교 동창회 때 친구에게

"너는 왜 우리보다 나이가 더 많아?"

하고는 깜짝 놀랐다. 너무 가난해 먹을 게 없어 굶다 굶다 학교에 못 갔다는 말을 듣고 미안해서 사과했다. 또 그때는 극장이 없어 "가설극장"이 있었는데 그 극장이 우리 집이었다. 영화나 연극 들어오는 날이면 우리 친구들 모두 데리고 우리 슈퍼마켓으로 들어와 과자와 사탕을 나눠주며 편하게 감상도 했다.

그러던 어느 날부터 비행기가 바로 지붕 위로 다니며 날마다 요란스럽더니 갑자기 괴뢰군, 반란군, 인민군인지 쳐들어와서 우리 집 모든 걸 자기들 소유로 삼아버렸다. 6·25는 나에게 많은 상처를 주었다. 자기들 것처럼 바꾸어 우리 가족은 건넛방 한 칸으로 밀려났다. 우리 어머니 얼마나 어이없어 당황하며 황당하셨을까? 말 그대로 기가 막혔을 것 같다. 난 깊은 사정을 잘 모르니 익숙한 우리 집이기에 앞뒤로 왔다 갔다 했다.

그러던 어느 날 길가 우리 집 큰 창고에 사람들이 많이 들어간다. 처음엔 무슨 사람들일까? 궁금했는데 그 뒷날 어디

론가 다 데리고 나간다. 모두 몸과 손을 묶은 체 어디로? 그리고 또다시 창고에 가득 사람들을 잡아넣는다. 어른들 말을 곁에서 들었다. 오늘 잡혀들어와 그 뒷날 산으로 끌고 가 대창으로, 총으로 다 죽여버린단다. 그 어느 날 어른들을 따라 조금 먼 곳에서 산을 보았다. 산이 하얗게 사람들을 그렇게 마구 죽인 시체들을 보았다. 지금도 내 머리에 각인되어 잊히질 않는다. 이런 끔찍한 날이 계속되었다.

 나는 우리 집이라 익숙해서 어디든 그들이 있는 곳을 곧잘 갔었다. 내 머리를 쓰다듬어 주며 귀엽고 예쁘다고 했다. 그러면서 너희 집에 제일 좋은 것 무엇이 있는지 말해보란다. 우리 집 좋은 화로와 큰 상등 이것저것 다 말했다. 그러면 그 뒷날이면 사무실로 다 옮겨와 있다. 이상한 게 우리 집 아래 연심 언니네 아버지가 우리 집엘 하루도 빠짐없이 온다. 왜 이 사람들과 살지 않았는데 연심 언니 아버지는 이 사람들과 친하지? 어느 순간 우리 집 좋은 살림살이가 그 연심이네로 옮겨진 것이다. 우리 엄마의 소중한 바느질 상자 속 좋은 가위까지 다 가져갔다. 연심 언니가 욕심을 내서.

 그리고 우리 동네뿐 아니라 어디든 자기 말 안 듣고 곧게 흔들리지 않은 이웃들 소문으로 잘 사는 집들 연심 아버지에게 거슬리면 쳐들어가서 당장 우리 창고에 가두어 그 뒷날 묶인 채 산으로 끌고 가 이유 없이 죽인단다. 좋은 것 있으면 다 빼앗아 가고 마음대로 했단다. 이런 일들이 어린 나에게 큰 충격을 주었다. 그 시절 우리 엄마는 얼마나 똑똑하고 담대한 엄마였는지 지금껏 생각할수록 대단한 엄마였다.

그때만 해도 학력이 초등학교 6년 과정을 반 2등으로 졸업을 하셨단다. 일제 강점기에 접해 있었기에 일본 글도 많이 아셨다 살기등등한 괴뢰군의 마음을 잘 다스려 우두머리와 타협을 해서 창고와 앞 전체는 그들에게 권리를 주고 그 대신 애들하고 생활해야 하니 뒤에서 식당 겸 여관을 운영해야 한다면서 뒤쪽은 무슨 일이 있어도 간섭도, 절대 접근하지 않겠다는 협약을 했다.

그때는 모든 기관을 북한이 장악하고 있었다. 즉 모든 기관이 마비 상태였다. 그런데 우리 엄마는 식당 여관은 하지 않고 뒤쪽 조용한 한쪽에 '임시보건소'라고 김 간호사 한 사람과 함께 상처투성인 사람 인민군들이 죽였는데 그중에서 살아나온 사람들에게 약이라곤 "페니시린" 주사 한 가지밖에 없었지만 주사만 맞아도 아주 좋아져 살아났다. 환자들이 몰려오면서 김 간호사 혼자 감당을 못하니 우리 엄마도 주사 놓는 걸 김 간호사한테 배워 같이 환자를 치료하는 것이었다.

　나는 곁에서 신음도 제대로 내지 못하고 눈물을 줄줄 흘리며 견디는 사람이 많이 있어 너무 슬펐다. 그러던 어느 날 그중 선한 괴뢰군이 급히 달려와 엄마가 하는 행적을 고발했다고 빨리 몸을 피하라는 것이었다. 김 간호사는 급히 온 데간데없이 사라지고 엄마는 순간 조금 떨어져 있는 이모네로 몸을 피했다. 나도 엄마가 안 계셔 이모네로 갔다. 한밤중에 괴뢰군이 우리 이모네로 들이닥쳐 엄마를 내놓으라고 소리소리 지른다. 천정을 대창으로 찌르며 찾는다. 난 무서워 벌벌 떨면서 울었다. 이런 얌체들이 어디 있는지 남의 집 남의 살림살이 다 빼앗아 가고 힘든 환자들 자기들이 죽이려다 못 죽인 사람들 치료해서 살려주었다고 엄마를 죽여버리고 싶단다. 우리 엄마는 이모부가 빨리 몸을 피할 수 있게 농사를 지으려고 거름 벼늘을 쌓아 만들어 놓은 높은 곳에 굴을 파서 자리를 깔아 이불을 넣어 주어 그곳에 피신해 계셨다.

　그런 후 한 1개월이 지난 듯싶다. 그동안 많은 사람을 산에다 굴에다 많이도 죽였단다. 생각하면 끔찍하여 소름이 끼친다. 어느 날 밤중 무슨 소리가 요란하여 깜짝 놀라 잠이

깨서 담벼락 사이로 내다보니 "사꾸라", "사꾸라" 하며 줄을 지어 행진하고 있었다. 그때 모두 북으로 떠나갔다고 한다. 나중에 들으니, 연심이 아버지도 북으로 갔다고 한다. 그 후 그 가족은 한 번도 본 적이 없다. 어디로 갔을까? 연심이 아버지로 인해 가까운 이웃들이 많이 죽임을 당했다고 한다. 우리 엄마 자발적 고난 희생과 사랑이었다. 여자의 몸으로 그 위험한 시대에 뛰어드신 우리 엄마 신음하는 사람들을 위한 희생이었으리라 생각하면 참으로 존경스럽고 사랑이 많으신 엄마였다. 우리 엄마!

　내가 이제 와서 뼈저리게 느끼며 후회하는 건 왜 엄마에게 평범했던가? 왜 그렇게 무심히 담담한 세월만 보냈던가. 우리 오빠만 아니라도 나라도 우리 엄마를 얼마든지 이 세상 힘들게 살아오신 울 엄마를 딸인 나라도 엄마를 존중히 높여드리지 못했을까? 그걸 깨닫지 못하고 이제 와서 저 천국에 가신 우리 엄마를 왜 그리 아무런 것도 없이 그냥 보내었을까? 어눌했던 시절에 또한 자식들을 위해 희생만 하시고 저 천국에 가신 엄마를 위해 딸로서 무엇을 했든가? 좀 더 일찍 깨달았더라면. 답답하기만 한 자신이 싫어진다.

　왜 그 당시에 접해있던 분들도 담담히 조용히 우리 엄마에 관해 고맙고 고귀한 마음을 표현하지 않았을까? 일제 강점기, 6·25 넘나들다 전쟁과 억눌린 시절에 지쳐 지내왔던 탓일까? 나 자신이라도 산 증인들이 있기에 순간순간 마음이라도 풀어드려야 했다. 두고두고 후회할 일이다. 그래도 우리 엄마 당신의 존재가 큰 힘이 됩니다.

  우리 엄마 머무는 곳에 삶의 지평선을 주신 것이며 맑게 갠 파란 하늘 아래 생명의 푸른 꿈을 남겨주신 우리 어머니, 내 마음 깊이깊이 오래오래 당신의 삶을 간직하오리다. 살아생전 계실 때 예수님 영접하셨으니 하늘나라 예수님 곁에 평안히 계시리라 믿습니다.

내 고향

　내 고향은 읍에서 5km 정도에 인접해 있는 조용하고 아담한 면 소재지이다. 2년 전 고향이 그리워 여행길에 가보았다. 길도 변하고 집들도 다 변해버려 내 고향의 느낌을 받지 못해 쓸쓸했다. 더욱 삭막하여 풋풋한 고향 내음이 없어 마음 한곳이 텅 비어 얼룩져 다른 곳으로도 가보았다. 역시나 그곳도 많이 변해 있었다. 자연의 아름다움 물 좋고 공기 좋은 내 고향 물 맑은 냇가 여름엔 고기 잡느라 물속을 이리저리 쫓아 헤매며 수영복이 없는 그 시절 친구들과 팬티 하나로 수영복을 대신해 물속에 뛰어놀던 그때가 새삼 그리웠다.

냇가에 앉아 물끄러미 내려다보니 물도 조금밖에 흐르지 않았다. 군데군데 메말라 가슴이 같이 타들어 가는 것 같았다. 내 고향은 고향이 이젠 아니다. 어디를 가나 나의 살던 고향은 없다. 그 옛날 친구 집이나 우리 집에 밤에 모여 깔깔대고 놀다 보면 입이 심심해진다. 어느 날 저녁 큰 길가 고구마밭에 들어갔다. 늘 그러던 시절이었다. 서리라고 언어조차도 없었다.

 어제저녁 애들이 또 장난쳤구나 하는 정도였다. 아무리 그래도 밤에 남의 밭에 들어가 애써 키운 고구마 캐내기가 무서워 나는 겁이 좀 많아 망을 본다고 큰길가에서 망보고 있었다. 그런데 갑자기 어디서 나타났는지 나를 붙잡고 너희들 누구야? 왜 남의 밭에 들어가 고구마 캐는 거야? 고구마 캐던 바로 길가 옆에서 앉아 있던 나와 친구를 지서(파출소)로 데리고 갔다. 겁에 질려 벌벌 떨며 지서로 끌려가다시피 가고 있는데 밭 가운데서 자루에 고구마 캐 담던 친구들은 걸음아 날 살려다오 다 도망가 버렸다.

 둘이 파출소에 들어가니 순경 아저씨가 얼굴이 인자해지면서
"너희들 누구네 집 딸이야?"

친구가 나 대신
"나는 이 동네 임 의사집 딸이고요" "이 애는…"
 하고 있다. 벌벌 떨고 있으니 난 미처 말을 못 하고 저, 저 하고 있는데 친구가
"동생이에요 겁이 많아요."
 친구들 중 제일 작은 내가 키를 더 줄여 낮아진다.
"우리 집에 가게 해주세요, 밤이 되니 추워요"
"그래 가봐라! 동생 데리고 잘 가라"
 그 시절에는 장난으로 모여 앉아 특별히 먹을거리가 없어 그렇게들 자주 지냈다.

 파출소 갔다가 친구집에 다시 가니 맛있는 고구마를 삶아 신나게 먹으며 박장대소하며 깔깔거렸던 모습이 생각나 새삼 그립다.
"너 임 의사 막내딸이 되었다면서?"
 하면서
 또다시 해가 바뀌고 그러던 어느 날 저녁 내가 먼저
"오늘 감자 캐러 가자" "그래 너 앞장서"
 어느 친구가
"우리 집 감자가 참 맛있다. 우리 밭으로 가자 너도 우리 감자밭 알지?"

"응-"

바구니와 쌀자루 등을 가지고 나오니 칠흑 같은 밤이었다. 비가 올 것 같은 별빛도 없는 밤, 옆 사람도 안 보였다. 더듬거리며 언덕 위를 겨우겨우 살피며 밭둑을 거닐다 언덕 위에서 발을 잘못 디뎌 언덕 아래로 굴러떨어졌다. 한 줄로 서서 내 뒤에 따라오던 친구들이 차례대로 내 등 위로 차곡차곡 넘어졌다. 줄줄이 넘어져 한꺼번에 흙더미에서 일어나 조용한 밤에 얼마나 깔깔대고 웃었는지

그렇게 아름다운 추억이 어리어 있는데, 지금도 생각하며 웃는다. 겨울이면 마땅히 먹을 것이 별로 없던 시절이라 밤에도 두부 만드시는 두붓집 들락거리며 도란도란 이야기하던 한겨울. 간간이 눈이 내리는 겨울밤
"또 가자",
"어디로, 밭으로"
가을에 김장하기에 좋은 배추 뽑아내고 나머지 밭에 남겨둔 배추. 눈을 맞아가며 눈 속을 젖히고 눈 털어가며 칼로 도려내 씻어 아무개네 밥 남은 것 살금살금 가져다 쌈 싸 먹으면 그보다 더 맛있는 보약 쌈이 어디 있으랴. 기가 막히게 눈 속 배추는 달고 맛있다.

우리 고향에서만 맛볼 수 있을까? 별미 중의 별미 아, 그리운 시절아! 내 고향은 고향인데 모든 것 다 어디로 가버리고 이곳에 홀로 하늘만 바라보며 저 구름 흘러가는 곳 그곳은 어디. 그 옛날 냇가 모두 다 어디로 가버려 찾아볼 수 없다. 변했다. 내 고향은 어디엔들 없으리!

나의 하나님

전능하신 하나님! 천지 만물을 능력으로 만드신 나의 하나님. 지금도 살아계셔서 내 곁에 임하여 주시고 나의 삶을 주관하여 주시며 시시때때로 지켜주신 하나님! 어쩌다가 하나님을 알아 이렇게 고맙고 감사할 뿐입니다. 나도 이 세상 살아있음에 저 천국 문에 들어갈 때 보살펴 주심 믿습니다. 내가 지나온 세월, 이 험한 세상 견뎌 왔음이 오직 당신의 은혜가 아니었다면 지금 여기에 서 있을까요? 나의 하나님 생각만 해도 너무 감격하고 벅차오릅니다. 지나온 80여 년 살아온 삶을 새삼 생각합니다.

50여 년이 지났습니다. 가정을 이루게 하시어 아내로서 엄마로서 어려운 삶 속에 당신이 내게 다가오지 않았더라면 내가 이 세상을 어떻게 견디며 살아왔을까요? 새삼 눈물이 앞섭니다. 남편과 아이들이 나를 의지하여 바라보는 환경 속에 마냥 있을 수 없는 견디기 힘든 나날들이 있었습니다. 하나님 아버지! 가슴이 타들어 갈 때마다 하나님께 하소연하며 눈물로 부르짖어 기도하면 어느새 내 마음의 평안을 주셨고 저 높은 하늘 흘러가는 흰 구름을 하염없이 우러러 하나님의 위로를 받았습니다. 잊지 않습니다. 하나님 내가 매우 힘들었을 때 나를 도와주셨지요.

막내딸 유치원 시절 남편의 사업이 부도가 나서 갈 길이 막막했습니다. 남편은 세상 밖으로 활동을 못 하고 막내딸은 유치원을 데리고 다녔는데 내가 정신없이 이리 뛰고 저리 뛰며 헤매었는데 어항에 물고기 다 꺼내어 너희도 엄마 찾아가거라. 키우던 새도 문을 열어주어 너도 너의 엄마한테 가라. 늦게 집에 들어오니 어항의 고기는 거실에 말라 죽어있고 새는 어디론지 다 날아가 버리고 없었으며 가정은 돌보지 않아 딸을 안고 눈물을 흘렸던 생각이 납니다. 딸아이가 엄마가 낮에 없으니 매우 허전했는지 혼자 유치원도 가지 않았다고 합니다. 큰아이 작은아이는 초등학교 저학년인데 내가 집에 없으니 이웃 아이들과 함께 소파가 놀이터가 되어 마냥 뛰놀고 있더군요.

　어느 날 수원에 계신다는 송수영 집사님이 우리 사업장에 가끔 오셔서 알고 지냈습니다. 믿음 안에서 서로 친근감이 들었습니다. 차도 마시며…. 송 집사님이 우리 집에 압류가 들어갈 것 같다고 말씀 하시더군요. 한 번도 겪어보지 않았기에 뭐가 뭔지 별로 거기까지 신경을 쓰지 않았습니다. 며칠 후 법원에서 나왔다고 온 집 안 가구에 노란 쪽지를 여기저기 붙이고 훌쩍 떠나면서 우리 아이들에게 절대 만지면, 안된다는 말만 남기고 가버렸습니다. 아이들이 자꾸 만지며 떼어 흔들고 다녀 정신없이 난 제자리에 붙여두고 했던 생각이 납니다.

　하나님. 완전히 모든 것이 마비되었습니다. 오직 이 세상에 나 혼자만이 메마른 광야에 서 있는 느낌이 계속되는 생활이었습니다. 지금도 생각하면 어느새 눈물이 앞을 가립니다. 하나님, 이 글을 쓰면서도 눈물을 닦고 있습니다.
　당시 어느날부터인가 정지선 전도사라는 분이 우리 사업장에 매일 오셨습니다. 따뜻한 말씀과 친절을 베풀어 가까워지며 고마웠습니다. 그때는 교회 다니는 분들은 다 좋고 가깝게 지낼 수 있었으니까요.

사업장이 넓고 기름 저장한 탱크가 많아 많은 사람이 오갔으니 어음 빌려 달라는 사람들 때문에 뿌리치기도 힘들었습니다. 결국 남편에게 물어보지도 않고 나 혼자서 정지선 전도사에게 백지어음을 빌려주었습니다. 말인즉 자기 교회 여전도 회장이 어려운 개척교회를 위해 너무 애쓰고, 교회 발전을 해야 한다기에 나도 순수한 심정으로 주었는데 결국 거기서 부도가 났습니다.

부도가 난 후 모든 사람은 간 곳이 없고 남편은 당좌(4개) 수표를 해결하지 못해 경찰서에 머물러 법원으로 갈 상황이며 아이들하고 당장 생활하기도 막막한 형편이었습니다. 나의 하나님 내가 얼마나 하나님 붙잡고 애통하게 울부짖었는지 아시지요…. 어디에도 하소연할 곳도 없었습니다. 어쩔 수 없이 정신 나간 아줌마 되어 기도원으로 집 옥상에서 산으로 여기저기 하나님께 떼를 쓰며 원망도 한 적 기억합니다.

나의 하나님 그때 생각하면 너무도 죄송하며 송구스럽습니다. 하나님이 저한테 무엇을 잘못하셨기에 내 마음대로 나의 하나님을 내 앞에 세워 흔들며 목 놓아 울부짖었을까요. 하나님! 옛말에 수표는 마누라는 빌려주어도 수표는 절대 빌려주지 않는다는 말, 친척들이 입을 모아 나를 원망했습니다. 그렇습니다. 하나님 내가 남편 말대로 저 여자는 교회라면 미쳐서 사리 판단도 분별력도 없는 여자라는 소리들을 만했습니다. 부도낸 정지선 전도사님은 전화도 아무런 소식도 끊어진 지 오래되었습니다. 참으로 답답했습니다. 제일 먼저 해결해야 할 일인 당좌수표였습니다. 기름 장사를 했기에 액수가 컸습니다. 그때 조흥은행 당좌 수표였는 큰돈이었습니다.

당시에는 자기 소유 1억 원을 가지고 있으면 부자라고 소문이 날 정도였으니까요. 요즘처럼 텔레뱅킹으로 돈이 오가는 게 전혀 없이 은행도 이곳저곳 멀리 있어 오직 통장으로만 사용할 때였으니까요. 그땐 은행 거리도 띄엄띄엄 있었고 통장에서 돈을 얼마씩 찾아다 두고 쓰곤 했던 시기였습니다. 그런데 남편은 경찰서에서 친구분인 주 형사가 3일간 자기가 책임지고 머물러 있게 할 테니 3일 동안 당좌를 우선적으로 해결해야 한다기에 앞이 캄캄해졌습니다. 하나님 아시지요? 3일 후에는 법원으로 넘어가 거기서 나오질 못한다는 것이었습니다.

우리가 사는 곳은 "안양성결교 신학대학" 부근에 집터를

잡아 짓고 살았습니다. 동네가 아늑하고 산에서 깨끗한 물이 계속 흘러와 아이들은 가재도 잡고 엄마들은 빨래도 하곤 하는 30여 가구 사는 아름답고 조용한 공기 맑은 동네였습니다. 하는 수 없이 집집마다 갑자기 방문하여 돈을 빌려 달라고 자존심 다 팽개쳐버리고 다녔습니다. 그때는 모든 이웃이 어찌나 선하고 순수했든지 생각할수록 깜짝깜짝 놀랍니다. 거의 모든 동네 집집이 자기들 통장에서 찾아둔 돈 모두를 빌려주었습니다. 어떻게 그리 말만 하면 한결같이 돈을 다 빌려주었을까? 그때 돈 1,500만 원 가까이 되는 돈이었는데 급하나마 당좌는 해결할 수 있었습니다. 너무너무 동네분들이 고맙고 감사했습니다.

요즘처럼 사랑하네. 사랑했기에 이혼이란 말이 없을 정도였는데 한 가정의 가장이라는 아이들의 아버지가 훗날에도 아이들에게 안 좋은 씻을 수 없는 낙인찍힌 남편이자 아버지가 되어서는 안 된다는 일념이었지 무슨 사랑을 했기에 그렇게는 거기까지 생각하지 못했습니다. 지나온 세월 속에 바보 되어 살아왔으니까요.

하나님 보호하심에 기적이 일어났습니다. 수원 법원에 계시다는 송수영 집사님 내가 직접 보지는 못했지만, 어느 날 수원법원에서 직원들이 나와 우리 집 여기저기 살림살이에

붙인 노란색 표를 떼어가면서 부도어음이 다 해결됐으니 마음 편히 계시라는 한마디 말하고 훌훌 떠나버렸습니다. 난 이게 무슨 말인지 이해가 안 되어 며칠을 조용히 숨죽이며 기다리고 있었습니다.

　나의 하나님! 이게 무슨 일인가요? 어떻게 해서 그 복잡한 말 그대로 부도를 해결했단 말입니까? 기다리다 답답해 수원법원 송수영 집사님을 찾아 남편과 같이 갔습니다. 하나님 수원법원에서 송수영 집사님은 여기 안 계신다며 아는 사람이 없었습니다. 여기저기 하루 종일 알아보고 찾았지만 알 길이 없고 주소도 모른답니다. 이런 기적이 하나님만이 아시리라 믿습니다. 우리 부도처리는 깨끗이 해결됐다는 법원의 확인만 몇 번 하고 이 또한 어떻게 해결됐는지 아직도 의문입니다.

　하나님, 동네에서 빌려주신 돈(당좌수표 해결) 우리 탱크 기름을 주유소로 배달하던 부장이 여의도에 살았습니다. 부장이 우리가 부도가 나니 사촌 동생인 경리를 죽인다고 압박해 남편 도장을 빼앗아 그사이 기름값을 회수해 도망가 버렸습니다. 하여 여의도 부장 집에 계속 머물며 돈을 받아 동네 분들 돈 깨끗이 해결했답니다.

하나님 은혜로 이런 기적 속에 지금껏 잘 살아왔습니다. 훗날 고마운 동네 분들 찾아가 보았지만 "성결교 신학대학"에서 땅값을 잘 쳐주어 모두 팔아 훌훌 다 떠나고 안계서 지금도 마음 한구석에 잊지 않고 있답니다.

우리 하나님! 난 하나님께 은혜를 많이 입었어요. 이 한없는 은혜 어디에 비할까요. 우리 아이들도 부모에게 불효하지 않고 지금까지 한 번도 부모에게 짐을 지워준 적 없이 잘 지내고 있답니다. 나의 하나님, 이 은혜 하나님 앞에 머리 숙여 하나님 영광 돌리며 존귀하신 예수님 이름으로 기도드립니다. 송수영 집사님 지금 어디에 계시는지 어느 곳에 사시는지 지금까지 소식 알 수 없으니 이 부족한 한 권의 책이라도 인연이 되어 만나길 고대합니다. 고대합니다.

남편

50년이 지난 세월 지금까지 동고동락하며 살아간다.

남남끼리 만나 반세기 지난 긴긴 세월 무슨 인연으로 이렇게나 지겹게 살고 있단 말인가! 남편 얼굴 보고 있으면 미워지고 싫은 감정 때문인지 말이 하기 싫다. 짜증 내면 서로가 부딪치지 않으려고 자기 방이든 밖으로 나가버린다. 1시간도 안 되어 다시 궁금해진다. 이 또한 무슨 조화람! 혹시 홧김에 술 많이 마시고 교통사고라도, 또 옛날처럼 술 마시고 쓰러져 어깨뼈가 겉으로 불쑥 튀어나오질 않을까? 피가 철철 흐르면서 이곳 병원에서 수술 못 한다고 신촌세브란스병원까지 가지 않았든가!

수술에 들어가고 보호자로 앉아 있는데 저 인간이 나에게 왜 이래, 역겨움이 스친다. 어느 날 점심을 같이 먹는 데 전화가 왔다. 전화를 받자마자 점심을 먹다 말고 정신없이 뛰쳐나간다.

"아니 먹던 밥이나 먹고 나가지"

내 말은 듣는 둥 마는 둥 정신없이 뛰쳐나간다. 어이없어 저녁에 들어와 건넌방에 잠자는데 들어가 핸드폰을 가지고 나와 열었더니

"오빠, 우리 집 언제 사줄 거야? 나 오빠 사랑해 빨리 집 사서 같이 즐겁게 살자. 빨리 집 사줘 응?"

기가 막혔다. 그날 저녁은 조용히 지냈다. 안방 건넌방 따로 지낸 지 오래되어 자연스럽게 지내다 보니 별일이 다 있구나. 아침에 일어나 그래 잘됐다. 이참에 아예 이 인간 떠넘겨야겠다. 어휴 시원해 나 혼자 살게 되었으니 이 또한 이렇게 좋단 말인가.

전화를 그 여자에게 걸었다. 신분을 확실히 밝혔다. 같이 가서 살라고 다시는 뒤도 돌아보지 않기로 각서라도 써 주며 떠넘기려고 작정했다. 하지만, 말 한마디 못 하고 뒤통수만 되게 맞은 기분이었다. 몹쓸 게 당하기만 했다. 무어라 상대가 안 되고 화가 치밀어 남편에게

"그 여자하고 같이 살아라. 제발 나가라. 다시는 찾을 일 없을 거다."

남편 왈

"난 그런 일 절대 없다"

고 하며 시치미 딱 잡아뗀다. 더욱 화가 난다. 솔직히 말하고 사과하면 좋으련만 여기서도 자기 자존심만 세운다.

60년대에는 남존여비 사상이 있어서 남편이라는 존재감이 언제나 살아있었다. 그리고 옛날 다 자기 집에 금송아지 있었다. 또 양반집 자손이며 잘 살았다. 종도 부리며 살았단다. 남편은 여전히 똑같은 말을 하며 오늘날까지 미안하다 사과한다. 내가 잘못했다는 등 한 번도 들어본 적 없다.

그런데 참 신기한 건 부부란 누구도 어떻다 말할 말은 아닌 것 같다. 부부로 살면서 안방, 건넌방 30여 년 전부터 따로 생활하는데 샤워하고 몸을 말리면서 전혀 의식 없이 속옷 하나만 걸치고 집안을 훌훌 다닌다. 어색함도 부끄러움도 없다. 왜 그럴까? 옷을 제대로 입지 않고….

지금까지 같이 호흡하며 부딪치면서 동고동락 때문일까? 눈길에 넘어져 엉덩이 허리가 몹시 아프다며 그냥 스스럼없이 홀랑 들이대며 파스 붙여 달라고 한다. 당연하다는 것이다.

 미운 정도 정이라 했던가? 보기 싫으니, 눈에 보이지 말아 달라 했는데, 한 시간 지나면 또 아쉬워진다. 뭐 이런저런 손봐야 할게 많은데 어쩌랴. 이곳 망가져 삐걱거리니 빨리 못질해서 고쳐야 제자리로 가고, 높은 곳의 물건들은 난 키가 작아 의자 위에 올라가다 넘어졌기에 겁이 나서 내려주어서 써야 하는데
"아이 속상해 어디 나가 버렸지? 언제 들어올까?"

 친구 남편이 아침밥 먹자고 문을 열어보니 이미 저세상으로 가버렸다고 통곡하던 모습이 선하다.
 나는 올해 4월 2개월 전부터 어지럼증이 심해 집에서나 밖에서 쉴 새 없이 넘어지곤 했다. 집에서 넘어지는 모습을 몇 번 보아서인지 병원에 같이 가자고 하니 선뜻 나서주었다. 어지럼증 때문에 괴로워 병원에 같이 간다는 남편은 내 앞서서 총총히 혼자 걸어가고 난 뒤에서 휘청거리며 겨우겨우 걸어간다.

"당신 나 넘어지면 구경하려고 병원 같이 간다고 했어요?…"
 그제야 뒤돌아 붙잡아 손가방도 들어준다. 우리 남편만 그

럴까? 한 가지에서 두 가지를 스스로 알아 넘어가질 못한다. 다른 남편들도 다 이러지는 않겠지? 내가 어깨를 수술한 탓으로 남편이 다림질을 20년 전부터 맡았다. 몸이 약한 탓으로 집 안 청소도 맡았다.

"도대체 어딜 가서 아직도 안 오는 거야 내 참…."

어쩔 땐 이것저것 미움이 밀려오면
"너희 어머니는 뭘 먹고 아들 낳았다고 미역국 먹고 좋아했다니…"
이 세상에 계시지 않은 시어머님한테 마구 해댄다. 그러다 아참 우리 며느리들도 우리 아들들에게 이런 식으로 할 게 아닌가 하고, 입을 다물어 버린다. 우리 부부는 이상한 존재감에 살아가는 부부가 아닌가! 이제는 내가 아픈 후 곧잘 나에서 신경을 쓰며 설거지도 곧잘 해놓는다. 나는 벽에 기대어 빙긋이 웃는다. 그러다 가만히 문을 열어
"여보 밥 차려놓았으니 밥 먹자…."

바위 속 그 남자

　세월이 유수와 같다더니 벌써 50년이 지난 세월이었다.
　어느 해 초가을 추석이었다. 옛말에 더도 말고 덜도 말고 추석 명절만 같아라 하는 말이 있다. 교회 청년회에서 시인 "윤선도"의 고향 연동마을 뒷산으로 정해서 추석 음식들을 나누어 들고 한참 즐겁게 산길을 오르며 지나간다.

　이상스레 스치는 바람결에 바위 속에서 인기척이 들린다. 무슨 일일까 궁금해진다. 청년 시절이라서 감수성이 있어서일까. 다른 청년들에게 물어보니 아무도 들은 소리가 없단다. 인기척도 없었단다. 지나치려고 했는데 이상스레 가보고 싶었다.

아름다운 산과 들 자연이 만들어준 그대로 순수함이 너무 좋다. 산 아래 산과 들 사이를 내려다보니 어느새 가슴이 탁 트인다. 참 좋구나! 가을 하늘은 더 푸르고 높다. 편편한 잔디 위에 음식을 풀어 놓으니, 이보다 더 좋은 뷔페는 없을 것 같다. 조금 먹다 주섬주섬 음식을 싸 들고 그 큰 바위 속을 가보기로 했다. 왜 신경이 쓰이는지 다른 청년들에게 같이 가보자고 하니 음식 먹고 가보자 한다. 맛있는 것 어서 먹자며.

한 손에 음식을 들고 나 혼자 가보기로 하였다. 바위는 큰 바위였지만 바위 속은 깊지 않은 것 같았다. 바위 속을 들여다보니 누군가 있었다. 분위기가 심상치 않았다. 그 앞에는 자살하려는 듯 약과 물이 놓여 있지 않은가…? 섬찟했다.
"왜 이렇게까지 하시나요?"
"젊은 나이에 피치 못할 사정이 있겠지만 하나뿐인 내 생명을 그렇게 값없이 버려도 되나요?"
예수님에 대한 말을 했다. 아무런 이유, 잘못이 없으면서 묵묵히 십자가를 지고 돌아가셨다. 그런 억울한 심정으로 이 순간만 참고 지나가면 죽음보다 값진 좋은 일들이 틀림없이 있을 거라고 위로했다.

바위 안에서 조금씩 훌쩍이며 울고 있었다. 무슨 이유, 사정 어디에 사는지 일절 물어보지 않았다. 자기 신상에 관해 본인도 말하지 않는다. 난 이름도 모른다, 어디에 사는지도…

얼마간 지나 조금씩 음식을 같이 먹었다. 지금 같으면 성폭행이라는 것도 생각하겠지만 그 시절에는 이런 말조차도 없었다. 자살하려는 약 등 내가 가지고 나오면서 너무 안타까워서 묻지도 않은 내 이름과 교회 이름을 가르쳐 주며 그곳으로 오면 나를 만날 수 있을 거예요….

하루 종일 교회 청년들과 즐겁게 하루를 보내고 내려오면서 잠깐 바위 속 안을 들여다보니 그 청년은 가고 없었다. 이제는 집 가까운 교회에 나가서 많은 위로를 받으실 거라고 말은 했지만….

그러던 어느 수요일 예배를 저녁에 드리는데 바위 안에서 만난 청년이 왔다. 깜짝 놀라 반가웠다. 모든 청년이 반갑게 맞아 주었다. 그런데 그 후 계속 일요일 수요일 무조건 찾아온다. 이제 지나친 생각이 들어 어느 날 만나 냉정하게 말했다. 이게 상식이 지나친 행동이다. 나는 미스, 거기는 한 4살 위인 거 같은데 이러면 안 되지 않겠느냐. 다시는 이렇게 찾아오지 말고 열심히 그곳 가까운 교회 잘 다니며 최선을 다해 살다 보면 틀림없이 좋은 일이 있을 거라고 이제 마지막 만나는 것으로 하겠다며 잘 가시라고 냉정하게 말하고 집으로 와 버렸다.

내가 너무 지나쳤나? 혹 이 세상 사람이 아닌 건 아닐까? 그동안 까맣게 잊었다. 이제 새삼 생각이 난다. 죽음을 선택한 사람이었는데, 그 후 50년이 지난 세월이었다. 한 번도 찾아온 적도 본적도 없다. 이 나이에 가슴이 떨리며 어느 하늘 아래 사는지, 그립고 보고 싶다. 마음이 젖어온다.

요한복음 3장 : 16절
하나님이 세상을 이처럼 사랑하사 독생자를 주셨으

니 이는 그를 믿는 자마다 멸망하지 않고 영생을 얻
게 하려 하심이다.

지금 생각하면 내가 너무 지나쳤나 싶다. 그는 어느 하늘 아래 어떻게 지내고 있을까, 이제 노년이 다 되어 백발이 성성하겠지. 혹 이 세상 사람이 아닐 수도 있겠지? 50여 년 전 나는 왜 그렇게도 냉정하게 대했든가. 그 후 한 번도 찾아본 적 없으니 그래도 마음 같아선 교회 잘 다니며 우리 하나님 잘 섬기고 있는지 바램뿐이다. 죽음을 선택한 사람이 나에게 위로를 받고 싶어 자주 찾아온 그 사람 예수님 사랑을 그 가슴에 전하지 못한 냉정하기만 한 나 자신이 한없이 원망스럽다.

마태복음 5장 : 4절
애통해하는 자는 복이 있나니 저희가 위로를 받을
것임이요.

미안합니다. 사실 마음은 그렇지 않았는데 그 시절 낯선 청년이 자주 찾아오다 보니 그 깊은 마음을 헤아리지 못했습니다. 50여 년이 지난 지금 가슴이 저며옵니다. 한 번만이라도 보고 싶습니다. 마음이 젖어옵니다. 어디에 계시든 믿음 잘 지키며 평안히 계시길 기원합니다.

신명기 31장 : 6절
너희는 강하고 담대하라
두려워하지 말라 그들 앞에서
떨지 말라 이는 네 하나님 여호와
그가 너를 함께 가시며 결코 너를
떠나지 아니하시며 버리지 아니하실
것임이라. (찬송가)

인생길

    현실의 한복판에 서 있다. 어떤 인생도 항상 기쁘고 달콤한 열매만 맛볼 수 없다. 때로는 한 치 앞도 알 수 없는 캄캄한 어둠 가운데 있을 때도 있다. 이런 문제로 가끔 신음한다. 두려워하지 않고 사랑하기를 연습해야 할 것 같다. 잠깐만에 사라지는 안개와 같은 신기루일 뿐, 아니길 바란다. 담대하게 앞으로 나가 봄, 여름, 가을, 겨울을 맞이할 수 있어야 한다. 온유한 마음으로 진실로 정직하게 나에게 물어야 한다.

    나는 인생의 자아를 가꾸어 나갈 겁니다. 세상이 여기를 중심으로 나를 움직이는 것 같아 나는 애착을 가집니다. 고난과 고통 환란 등 경험합니다. 우리에게는 외침이 있습니다. 제대로 살고자 하는 외침, 누군가가 먼저 내게 다가와 주기를, 누군가 붙잡아 주기를 원합니다. 문제의 답을 보지 못하고 발버둥 치는 인생길 나의 문제가 묻어 버리지 않습니다. 오직 오늘이야 일컫는 동안에는 스스로 온유해지는 인생. 그럼에도 외로워지는 나의 인생길, 여전히 사랑과 욕구가 있는 한, 살아야 할 이유를 놓지 않고 있는 겁니다.

　그래서 자존감이 높아지겠지요. 내가 만든 인생길, 나 대신 누군가 채워줄 수 없다는 사실입니다. 멀고도 험준한 나그넷길 깊고도 넓습니다. 험한 준령도 넘습니다.
　누구나 지나가야 할 길이 아닌가요…. 가도 또 가도, 어디로 가야 할지 초점 없이 흘러 흘러갑니다. 구름 따라 하염없이 가고자 하는 끝이 없어 목적도 없습니다. 나의 인생길 여행하며 끝이 어딘지 지금도 가고 있습니다.

　　신명기 31장 8절
　　그리하면 여호와 그가 네 앞에서 가시며 너와 함께
　　하사 너를 떠나지 아니하시며 버리지 아니하시리니
　　너는 두려워하지 말라. 놀라지 말라.

이광자 시집

내가 여기 있음에

제8부

내가 여기 있음에

언제부터인가 소리 내어 나를 불러본다.
부인할 수 없는 부정할 수 없는 나.
내 마음을 감사한 마음으로 쓸어안아 본다.

여자로 태어나서

나는 어느 날 나도 모르게 여자로 태어났다. 당연히 내 허락 같은 건 더더욱 없었으며 내가 태어나기 전, 그 시절에는 우리 부모님도 내가 여자인지도 알지 못했으리라. 이렇듯 숙명인지 운명인지 숱한 세월 인생의 삶 속에 누구도 다스림 없이 순풍에 닻을 달아 아무런 거리낌 없이 물 흐르듯 지내온 날들, 그때가 나의 전성시대였으리라.

아담한 시골에서 청년 시절을 신앙생활의 삶이 되어 교회에 나름대로 젖어있었다. 그때는 문화적인 여건이 전혀 갖추어지지 않아 그나마 교회 청년부에서만이 관계를 소통하며 우물 안 개구리 식이었다.

6·25전쟁 바로 후반기라 청년 시절의 환경은 의식주 해결이 어려웠던 시절이라 지나온 시간은 너무 허무하고 무의미하게 지냈으니, 지금도 그때를 생각하면 후회만 남는다. 왜 그곳 한곳에서만 꼼짝하지 않고 머물러 있었을까? 넓은 시야를 바라보지 못하고 깨닫지 못해 답답한 세월, 그곳에서 그저 "예쁘다" "착하다" "얌전하다" 좋은 아가씨로만 30여 년, 아까운 세월을 아! 이렇게 답답할 수야. 하기야 그땐 처녀 혼자 몸으로는 누군가가 이끌어주는 사람 없이는 어디든 갈 수 없었고 굶어 죽기 딱 좋은 시절이었다. 후회스러운 청년 시절, 그렇지만 순수하고 아름다운 내 고향은 어디에도 비길 바 없다. 고향이 좋았고 많은 추억이 그곳에 쌓여있다. 친구들도 순수하고 꾸밈없이 즐겁고 좋았다.

　그러다 결혼했다, 아내가 되었다. 남편은 그 당시 울산에서 사업을 한다고 했다. 10년이란 세월을 한결같이 나에게 편지를 보내왔다. 사랑한다. 좋아한다는 말에 감격해서 난 더 이상 남편에 대해 아무것도 알아보지도 물어볼 것도 없이 결혼했으니…. 여자는 결혼해서 운명이 바뀐다는 말이 사실인 것 같다. 그렇게 가정생활을 하다 아이들이 태어났다. 늦게 결혼해서 급한 마음으로 4년에 아이들 셋을 낳았다. 조금이라도 젊어서 빨리 키워야겠다는 심정이었다.

계획은 원하는 대로 이루어지질 않았다. 이제는 엄마로 살아야 한다. 해가 지는지 달이 가는지 정신없이 오늘이라는 생각도 없이 10년이란 세월을 허우적대며 아이들을 키우느라 고된 날을 보냈다.

그때는 기저귀 자체도 가재 천으로, 일일이 손수 손빨래로 해야 했다. 또 삶아서 더욱 깨끗이 해주어야 했다. 잠깐 막내 딸아이 모유를 주고 뒤돌아보면 기저귀는 다라에 하나 가득 금방 쌓인다. 하루하루가 이런 반복된 날이 계속되어 힘든 세월. 그러다 아이들 교육 문제에 부딪히니 더욱 난감했다. 중년에 접어들어 갈팡질팡 이리 뛰고 저리 뛰었다. 등록금이 한꺼번에 밀려와 통장은 텅텅 계속 비어 있었다. 그렇게 중년을 어찌어찌 정신도 없이 세월을 보내다가 아들들이 군대 갔다 제대하면서 서서히 자리가 잡혀 가정에도 안정이 찾아온다. 직장을 셋이 다 다니며 내 통장에 월급봉투가 들어온다.

아! 인생은 이런 과정을 거치면서 살아가는구나. 그러다 어느새 노년에 접어들어 이곳저곳 아프다. 어깨는 양쪽 다 수술을 했다. 허리는 척주관 협착으로 입원해 시술하고, 심장과 무릎도 그대로 건강할 리가 없다. 나이 들어 아프지 않은 곳이 없다면 정상은 아니리라. 자녀들 셋 다 결혼해서 손자들을 보니 세월은 접어지고 희망과 기쁨으로 차 있다. 잘 살아주어 정말 고맙다. 언제까지나 잘 살기 바란다.

　내 생전에 전 재산인 나의 소중한 자녀들 너희에게 매우 부족하기만 한 부모, 엄마는 무엇으로도 너희에게 갚을 길이 없구나. 힘들게 해준 너희 부모, 엄마는 이 세상 마무리 할 때까지도 미안하다 미안했었다. 남들이 말하기 좋아 현모양처라지만 얼마나 답답한 말인 줄 나는 안다. 내 아들들, 내 딸아! 왜 이리 눈물이 흐르는지 또 흐른다. 바르고 정직하게 살아다오….

　　내 안에 너희가 있단다. 요한복음 15 : 7-19

내가 여기 있음에

 어딘지 버거워진다. 한편, 무겁다. 내가 누구인지 내가 왜 여기에 있어야 하는지 또 나는 어떤 존재인가? 나는 어디에 속할 것인지…. 오늘의 나는 누군가의 기도와 사랑으로 빚어졌다고 생각해 본다. 진정한 내 삶의 변화를 위한 나의 삶이 오픈되어야 합니다. 이렇게 변화된 가치관은 성품으로 변화되어야 한다는 느낌입니다.

 나의 '나됨' 만나는 사람의 결에 따라 깊이 생각을 해봐야 합니다. 내가 세상의 가치관으로 세상을 바라보는 것도 아닙니다. 그래서 인생의 의미와 목적이 회복되어야 하며 나는 함께할 때 서로를 이해하며 신뢰가 있어야 가능함을 느낍니다. 비전은 사람을 살리는 힘이 있습니다. 마음의 힘이 됩니다. 희망을 품고 내가 나의 모습을 있는 그대로, 열어 보일 수 있는 서로에 대한 대안이 만들어져야 하지 않을까요? 나는 지금도 남 탓하기 좋아합니다. 나의 본성일까요? 남을 탓하기에 앞서

"사랑합니다."
"감사합니다."
"죄송합니다."

알고 있기에 나의 본성 어떤 고난을 겪으면 내내 계속될 것만 같은 공포에 사로잡혀 고민합니다. 나는 어디에 서 있는가? 오늘에 이르는 내가 성찰하고 성숙한 모습으로 내가 여기 있어야 합니다. 그리고 더욱 아름답게 슬기롭게 여기 있어야 합니다. 누군가가 말했듯이 '인간은 생각하는 대로 살지 않으면 사는 대로 생각한다.'는 말이 떠오릅니다. 난 항상 여기 내 존재를 되새겨 봅니다. 내가 나 지금 있는 곳 어디에든 어떻게 있을까!

나 비록 많은 세월이 흘러 지나갔지만 그래도 순결하고 숭고한 생각으로 살고 싶었습니다. 나 여기 있음에 모든 것이

진리라면 그 어떤 것도 진리가 아닙니다. 어둠이 걷히면 비로소 빛으로 나아가게 됩니다. 나는 자아를 가꿔나가렵니다. 나는 애착을 가집니다. 고난, 고통, 환난 등을 경험합니다.

  얼굴 보며 밥을 먹고 차를 마시며 가족 사랑함을 가슴으로 깨닫게 됨을 알게 했습니다. 내 사유함이 어디서 어디까지 인지 분별할 수 없을 때 암울한 시기에도 어디에도 치우치지도, 굴하지도 않고 흔들림 없이 있는 그곳에서 그 모습 그대로 의연하게 나 자신을 다스리며 가정과 내 주변 어느 곳 무엇이든지 존재의 가치를 지켜가며 변함없이 일상을 맞이할 수 있게 해준 내가 오늘도 이 시간 감사한 마음으로 보내고자 합니다. 이제 나에게 지나온 세월 일상으로 용서를 빌어봅니다. 잘못이 왜 없었겠는가. 결점도 많았으리라.

  다치는 사람은 결국 상대가 아니라 나 자신이라 했습니다. 모든 약으로도 고칠 수 없다. 이렇듯 옛 옷을 벗어버려야 한다. 새 삶을 살아야 합니다. 자신의 인격을 지킬 줄 아는 사람….

  내가 여기에 '있음'으로 나의 존재를 되살리며 아름답게 꾸미며 황홀함을 만들어가며 어느 누가 무어라 한들 나는

'나됨' 내 소유 내가 이렇게 내가 여기 지금도 있지 않은가.

언제부터인가 소리 내어 나를 불러본다. 부인할 수 없는 부정할 수 없는 나. 내 마음을 감사한 마음으로 쓸어안아 본다. 나름대로 마음껏 너는 최선을 다해 살아왔다.

고마워 내가 여기 있음에….

우리 아이들(큰아들)

　어느새 세월이 80을 지나 새삼 책을 내면서 지나온 생각이 스며들어 펜을 들고 싶어진다. 그동안 참 많이 엄마가 품은 마음이었기에 이렇게라도 남기고 싶은 심정 이해해 주었으면 한다. 나이 들어 주책일까? 먼저 큰아이 72년생이다. 가끔 집에 오면 머리가 희끗희끗 흰머리가 보여 어느새 가슴이 저려온다. 언제부터 저렇게 되었을까? 우리 아이들은 흰머리가 없으리라 했는데…. 누구나 어린 시절 오래된 기억을 잊지 않은 것 같다.
　우리 큰아이는 아기 때 이웃 아줌마들이 순둥이라 이름 지어 주었다. 엄마가 어쩔 수 없는 일 때문에 늦게 와도 배가 고파 울지도 않고 자기 덮고 있는 포대기만 빨고 기다린다고 한다. 그래 순둥이로 이름 붙여주었다. 모유가 부족하여 우유는 잘 먹지 않아 쌀을 갈아 채로 걸러 아주 부드럽게 꿀을 조금 타서 젖병에 따뜻하게 해서 모유가 부족할 땐 곁들여 먹였다.

 날마다 쌀을 갈아 만들어도 단단하게 살이 되어 잘 자라서 힘든 줄 몰랐다. 그런 후 스스로 걸어 다닐 때 완전히 바뀌었다. 변했다. 집안 분위기가 다 바뀔 정도로 소란스럽다. 이리 뛰고 저리 뛰어다니며 정신이 없다. 큰아이 혼자라 하는 대로 마음대로 받들어 주었다. 아빠 시간 나는 대로 교대해 가며 첫 아이라 얼마나 예뻐했겠는가. 어려서 일들이 잊히질 않는다.
 지난 과거는 과거대로 보내고 받아들여야 할 줄 알면서 부모 나이 30이 되어(그때는 늦음) 낳은 첫아기이기에 순둥이 아기로 얼마나 신기하고 예쁜지 곁에 사시는 시이모님께서 "그렇게나 예쁜 가?" 둘이 다 아기를 땅에 내려놓을세 없이 서로 안고 업고 하니 "누군 애 안 낳아 봤나, 그렇게나 예쁜 가." 눈치까지 보았는데, 아니 걸어다니면서부터 동서남북이 들썩들썩하니 이게 참 어찌 된 일인가…?
 기억에 3살 때인 것 같다. 아침을 짓다가 주변이 조용해 찾아보니 아이가 보이질 않는다. 그때는 주택인데 대문을 열어놓고 살았던 때이다. 이집 저집 주변을 다 찾아도 없다. 긴장하고 걱정되었다. 이웃도 이름 부르며 같이 찾는데 옆 공사장 세면 포대 쌓아놓은 돔 안에서 대답 소리가 난다. 달려가 보니 세면을 파먹어 입에 번져있다.

몇 날 며칠 입안을 토해내게 하고 씻고 또 씻어 병원에 확인해 보니 괜찮다기에 한숨 놓았다. 그래 밥하는데 데리고 식사 준비하다 보면 과자처럼 떡처럼 생긴 세숫비누 세탁비누를 먹음직스럽게 또 먹고 있다. 세탁 등 청소 집안일하다 보면 어느새 쏜살같이 어디든 들어간다. 시궁창이든 분간 못하고 들어가 첨벙거린다. 어쩔 수 없이 신발을 신기지 못하고 비 올 때 신은 장화를 신겼다. 물론 날씨가 좋은 날에도. 남색 귀여운 장화였다. 기억이 생생하다. 저도 그걸 깨달았으면 그렇게 하지 않았을 건데 이 무슨 조화람.
왜 그렇게 태어날 수 있을까? 주변이 혼란스럽고 정신없이 헤매는지, 엄마인 나는 지금도 알 수 없다. 집에 놀러 온 친구 말이 '내 아이 넷을 키우지, 너의 아들 하나 못 키우겠다'라는 말이 생각난다. 본인인들 무얼 알겠는가. 어느 추운 초겨울이었다. 그때는 12시 통행금지가 있어 엄격했다. 그런데 그 난잡스러운 아이가 저녁을 먹는 둥 마는 둥 하고 자리에 눕는다. 낮에 활발히 뛰어다니느라 피곤도 하겠지 싶었다. 10시쯤 되어 잠도 자지 않고 몸부림친다. 열이 펄펄 난다. 해열제 감기약 먹여도 효과도 없다 아이는 내 품 안에서 눈도 뜨지 않고 신음하며 몸부림친다.

부모 마음은 타들어 간다. 그렇게나 활발히 뛰어다니던 아이가 몸이 축 늘어져 있다. 초저녁에 이렇게 아팠으면 병원에 갔을 텐데, 대수롭지 않게 여겼는데 10시 11시 이렇게 아파할 수 있으랴. 숨결이 가쁘고 정신을 잃어가는 느낌이 들어 품에 안고 있는 나도 숨을 쉴 수 없어 같이 울었다. 얼마나 고통스럽고 긴 겨울밤이던가 생각하면 뼈저리고 잊을 수 있으랴. 숨 막히는 시간 12시 통행금지 해제 사이렌 소리 맞추어 택시 잡아 응급실로 가서 해가 떠오른 다음 11시쯤 열이 내리고 안정되어 집으로 왔던 기억이 생생하다. 떠들고 시끄럽고 아무리 요란해도 건강하니 그러지 않을까 싶어 좋았다.

모든 부모가 자식 키우다 보면 이런저런 고비가 왜 없겠는가? 또 한 번 매우 놀라 가슴을 쓸어내리던 적이 있었다. 그때는 안양에서 살았다. 성결교신학대학 옆 아주 조용하고 아담한 시골 동네 같은 곳, 산에서 내려오는 깨끗하고 맑은 냇가가 있었다. 아이들은 거기서 가재 잡고 고기 잡아 여름에는 많이들 그곳에서 물장구치며 즐겁게 놀았다. 동네 아주머니들도 냇가와 연결된 우물이 있어 거기에서 빨래하며 수다도 떨었다. 평온하고 공기 좋은 동네 모두 잘 지내고 살았다.

우리 집 앞에는 공터가 있었다. 집 한 채를 더 지으려고 남겨놓은 곳이다. 우리 집은 새로 이층집 주택을 지어 살고 있었다 2층 안채 옆으로 세를 주고 1층은 전체 세를 주면서 화장실을 밖에다 따로 지어 주었다. 2층 안방과 비슷한 높이였다. 우리 큰아이 초등학교 1학년 때였다. 아이들은 학교 가기 전 아침 일찍부터 우리 집 공터로 모인다. 놀이터다. 일요일은 온종일 시끌벅적 요란하다. 당시 토요일은 반공일 오전만 학교 수업이 끝나고 점심때 다 집으로 간다. 토요일이면 요즘 "트램펄린"이라는 놀이터 겸 공원에 있는 방방 뛰는 기구다. 그런데 아이들은 피가 끓어 뛰는지 가만있지 않고 뛰어다닌다. 우리 집엔 L자로 큰 소파가 있었는데 내가 주유소 사무실에 다니느라 집에 어른이 없으니 아이들이 들어와 소파에서 방방 뛰며 습관이 된 듯 내가 있어도 마구 즐겁게 웃으며 뛰어논다.

　체념했다. 어차피 이미 망가진 소파, 고만고만한 아이가 셋이나 있는 엄마가 너희한테 무어라 하랴 싶어 실컷 뛰어놀아라. 집 밖에서나 집안 소파에서 날마다 요란스럽고 난리가 아니다. 우리 큰아이 신기하다. 구슬치기 딱지치기 겨울은 팽이치기 등 씩씩거리며 신나게 놀이한다. 지금도 가끔 그 시절 생각하며 웃는다.
　큰 아이는 여러 가지 놀이를 하는데 선수다. 무슨 놀이든 싹쓸이다. 모두 다 이긴다. 몰수해 버린다. 날마다 지는 애들이 새벽부터 오기가 나서 시작한다. 또 몰수해 버린다. 동네 아이들 것 다 이겨 다락에 가득하다. 마음먹고 살펴보았다. 전혀 부정 없이 다 이겨 거두어들인다. 더욱 재미있는 것은 바로 아래 남동생은 형 꽁무니 뒤에 바싹 따라붙어 양손을 움푹 모아 구슬 등 손에 가득하면 빨리 다락으로 자기들이 쌓아둔 곳에 두고 빨리 또 내려와 같은 행동으로 형이 따놓은 구슬, 딱지 등 다락에 쌓아둔다. 다락이 다 채워져서 불편하여 다시 아이들에게 나눠주라고 했던 일을 생각하며 "녀석 참 재주도 좋아"라며 웃는다.

　그러던 어느 날이었다. 큰아이는 어려서 어린이집, 유치원, 미술학원에 다녔다. 내가 봐도 미술에도 제법 소질이 있는 아이였다. 그때 제일 아이들한테 인기가 대단한 "마징거 Z"이었다. 아이들은 달 밝은 밤에 나와서 늦게까지 소리소리 노래 부르며 희망에 찬 "마징거 Z" 우리 아이 스크랩에 "마징거 Z" 모두 그 그림이다. 대단했다. 날개가 있어 날아다니는 흉내를 내며 적도 물리친다며 아우성친다. 일이 벌어졌다. 우리 아이 아침에 우리 화장실 위로 올라가 "마징거 Z"라며 날아가면서 흉내를 낸 것이다. 떨어졌다. 동생이 뛰어와 소리 지른다. 가슴이 철렁 내려앉아 뛰어갔더니 깔아엎어져 있었다. 어쩜 이런 일이 나에게. 틀림없이 신체 어디 장애가 되었으리라. 장애자로 평생 살 것인가 또 가슴이 철렁 내려앉는다. 한참 눕혀 쉬게 했는데, 아! 이런 기적이… 혼자 일어나 학교에 간단다. 동네 아이들과 모여서 가고 있지 않은가….

　아이 셋을 키우며 나의 조그만 희망은 우등상은 어쩔 수 없어도 학교는 빠짐없이 꼭 가야 한다는 것이다. 세 아이 다 6년 동안 개근상을 받았다. 인내와 끈기 성실함으로 살아갔으면 하는 작은 소망이 있었다.

　얼마나 대견한지 그 높은 곳에서 떨어졌는데도 어디 하나 다친 곳 없이 아이들과 즐겁게 "마징거 Z" 노래 부르며 학교에 가지 않는가. 너무 기뻐 학교에 가보았더니 아무렇지도 않게 공부하고 있었다. 하루도 쉴새 없이 뛰어다니며 시끄러운 아이, 뛰어내릴 때도 사뿐히 가볍게 뛰어내리며 떨어졌나 보다 평소에 몸 단련이 된 아이였던 것 같다. 담임선생님 찾아가 아침에 일어난 일을 말하며 집으로 초대했다. 전화가 왔다. 담임선생님 혼자만 오실 수 없다고 한다. 전체 선생님을 초대해야 오실 수 있다기에 그럼 모두 오시라고 초대했다. 30명 정도 된 선생님들 집으로 오셔서 식사하셨다. 나 혼자 어떻게 음식 대접을 했는지 즐겁고 기뻐서 지금 생각하면 도저히 할 수 없었을 것 같다. 나 자신도 신기했다. 6년 개근, 우등상도 타왔다.

지금 생각하면 포대기에 업고 어디든 나가면 뒤에서 잠잠히 있질 않은 아이.

"엄마 저건 뭐야?" 하늘 가리키며

"왜 저렇게 높아? 왜 자기 집은 어디야"

해를 보며 "저건 뭔데 불이 붙어있어? 자기 엄마 아빠는 어디 가고 혼자 있는 거야" 이런 아이는 확실한 대답, 답을 명확히 해주어야 한다는데… 이 어려운 대답을 다 해주지 못한 것 같다. 이런 아이가 명석하고 영리하다고 한다.

또 어린 동생이 꽉 붙어 어디든 따라다니면 때로는 귀찮기도 했으련만 단 한 번도 같이 안 가겠다고 짜증 한번 낸 적이 없었다. 고마웠다. 유치원 원장께 동생 것 유치원 비용을 드렸지만, 간식비만 받으셨던 원장님이 생각이 난다.

그 후 중학교에 입학하면서 자연스럽게 그 시끄러운 행동은 딱 멈추어버렸다. 신기하다. 중학교 입학 후 지금까지 단 한 번도 사고 친 일 없이 이렇게 성실하게 결혼해서 잘살고 있다. 이제 50이 넘은 나이 더 많이 머리가 희어졌겠구나! 지금처럼 성실하게 가정 지키며 잘 살기를 기원한다.

1. 복 있는 사람은 악인의 꾀를 좇지 아니하며 오만(傲慢)한 자의 자리에 앉지 아니하고
2. 오직 여호와의 율법을 즐거워하여 그 율법을 주야로 묵상하는 자로다
3. 저는 시냇가에 심은 나무가 시절을 좇아 과실(果實)을 맺으며 그 잎사귀가 마르지 아니함 같으니 그 행사가 다 형통하리로다

- 어느 어머니 말씀 -

아들아!
결혼할 때 부모 모시겠다는 여자 택하지 마라.

너는 엄마랑 살고 싶겠지만
엄마는 너를 벗어나
엄마가 아닌 인간으로 살고 싶단다.
엄마한테 효도하는 며느리를 원하지 말라.
네 효도는 너 잘사는 걸로 족하거늘…
네 아내가 엄마 흉을 보면
네가 속상한 거 충분히 이해한다
그러나 그걸 엄마한테 옮기지 말라
엄마도 사람인데 알면 기분 좋겠느냐
모르는 게 약이란 걸 백 번 곱씹고
엄마한테 옮기지 마라.

내 사랑하는 아들아
나는 널 배고 낳고 키우느라 평생을 바쳤거늘
네 아내는 그렇지 않다는 걸 조금은 이해하거라
너도 네 장모를 위하는 맘이 네 엄마만큼은 아니지 않겠니
혹시 어미가 가난하고 약해지거든 조금은 보태주거라
널 위해 평상 바친 엄마이지 않으냐
그것은 아들의 도리가 아니라 사람의 도리가 아니겠느냐
독거노인을 위해 봉사하는 사람도 있는데
어미가 가난하고 약해지는데 자식인 네가 돌보지 않는다면

어미는 얼마나 서럽겠느냐
널 위해 희생했다 생각지는 않지만
내가 자식을 잘못 키웠다는 자책이 들지 않겠니?

아들아!
명절이나 어미 아비 생일은 좀 챙겨주면 안 되겠니?
받고 싶은 욕심이 아니라
잊히고 싶지 않은 어미의 욕심이란다
아들아 내 사랑하는 아들아?
이름만 불러도 눈물 아릿한 아들아!
네 아내가 이 어미에게 효도하길 바란다면
네가 먼저 네 장모에게 잘하려무나
네가 고른 아내라면
너의 고마움을 알고 내게도 잘하지 않겠니?
난 내 아들의 안목을 믿는다
딸랑이 흔들면 까르르 웃던 내 아들아!
가슴에 속속들이 스며드는 내 아들아!
그런데 네 여동생 그 애도 언젠가 시집을 가겠지
그러면 네 아내와 같은 위치가 되지 않겠니?
항상 네 아내를 네 여동생과 비교해 보거라
네 여동생이 힘들면 네 아내도 힘든 거란다.

내 아들아, 내 피눈물 같은 아들아!
내 행복이 네 행복이 아니라 네 행복이 내 행복이거늘
혹여 나 때문에 너희 가정에 해가 되거든 나를 잊어다오
그건 어미의 모정이란다
너를 위해 목숨도 아깝지 않은 어미인데
너의 행복을 위해 무엇인들 아깝겠느냐
물론 서운하겠지 힘들겠지, 그러나 죽음보다 힘들겠느냐
그러나 아들아!
네가 가정을 이룬 후 어미 아비를 이용하지는 말아다오
평생 너희 행복을 위해 애써 온 부모다
이제는 어미 아비가 좀 편안히 살아도 되지 않겠니?
너희 힘든 건 너희들이 알아서 살아다오
늙은 어미 아비 이제 좀 쉬면서 삶을 마감하게 해다오
너희 어미 아비도 부족하게 살면서 힘들게 산 인생이다
그러니 너희 힘든 거 너희들이 헤쳐가다오.

다소 늙은 어미 아비가 너희 기준에 미치지 못하더라도
그건 살아오면서 따라가지 못한 삶의 시간이란 걸
너희도 좀 이해해다오
우리도 여태 너희들 이해하기 위해 노력하지 않았니
너희도 우리를 조금,

조금은 이해하기 위해 노력하면 안 되겠니?
잔소리 같지만, 너희들이 이해되지 않는 부분들
한 귀로 듣고 한 귀로 흘리렴. 우린 그걸 모른단다
모르는 게 약이란다
아들아!
우리가 원하는 건 너희들의 행복이란다
그러나 너희도
늙은 어미 아비의 행복을 침해하지 말아다오.

손자 길러 달라는 말 하지 말라
너보다 더 귀하고 예쁜 손자지만
매일 보고 싶은 손자들이지만
늙어가는 나는 내 인생도 중요하더구나
강요하거나 은근히 말하지 말라
날 나쁜 시어미로 몰지 말라
내 널 온전히 길러 목숨마저 아깝지 않듯이
너도 네 자식 온전히 길러 사랑을 느끼거라
아들아, 사랑한다. 목숨보다 더 사랑한다
그러나 목숨을 바치지 않을 정도에서는
내 인생도 중요하구나!

둘째 아들

형과 2살 터울이다. 74년 단옷날에 태어났다. 한참 엄마 품에 안겨 모유도 먹으며 사랑받고 잘 자라야 하는데 여동생이 1년 차로 생겨 모유가 자동으로 끊어졌다. 안타까운 일이다. 어쩜 엄마가 그렇게나 계획이 없었을까 입덧도 없어 전혀 동생이 생겼는지 몰랐었다. 우유로 대신해 먹여 키웠다. 어찌나 잘 먹고 자라는지 대견스럽고 고마웠다. 어려서도 순하고 조용히 잘 자라 엄마는 그런대로 둘째 때문에 힘들지 않았다. 말이 늦었다. 급한 일 있으면 말보다는 행동으로 할 수 밖에 먼저 끙끙거린다. 평소에 조용하고 담담한 아기라 말을 잘 못해 동생 모유 먹이고 있으면 나의 등을 토닥토닥한다.

그래도 알면서 웃으며 못 들은 척하면 내 고개를 자기 쪽으로 돌려가며 엉덩이 두들긴다. 기저귀 빨리 갈아달라는 시늉을 손짓으로 한다. 기저귀에 한 무더기 차고 있으니 얼마나 찝찝했으랴. 느긋한 둘째 제일 급한 일 아니겠는가.

 기저귀 갈아 깨끗이 씻어주면 얼마나 기분이 좋은지 내 얼굴에 입맞춤하며 "와, 와" 몇 번이고 반복하며 어리광을 부린 모습이 선하다. 이것저것 씻기고 먹이고 나면 다라에 기저귀 빨래가 한가득 찬다. 또 3시간 지나면 1살 2살 둘의 기저귀가 다라에 한가득이다. 모두 손빨래다 지금처럼 일회용 기저귀가 없었다. 풋풋한 냄새가 있어 자주 삶아야 한다. 내 아기들 깔끔히 더욱 깨끗이 해주어야 한다. 장마 때가 곤란하다. 햇볕에 일광 소독하여 말려야 하는데, 선풍기로 여기저기 집안 전체가 기저귀 빨래 볼품없이 널려있었다. 너무 힘들었지만 그런 세월도 모두 지나갔다.

 어릴 때는 아기들이 면역력이 약해서인지 감기를 계속 달고 자란다. 감기 때문에 병원을 자주 갈 수밖에 없었다.
 하루는 원장님께서 진료를 마친 후 원장실로 들어오라 하셨다. 아이들이 아파 병원에 가면 진료를 시작하면서 제일 먼저 눈을 관찰한다. 그날은 원장님이

"이 애는 어쩌면 정상적인 눈으로 무엇을 볼 수 없을 것 같습니다." "안타깝습니다. 무슨 망막이 가려 보지 못할 수 있을 것 같네요." 이게 무슨 소리, 깜짝 놀라고 천지가 무너지는 것 같았다. 그럼, 앞 못 보는 봉사가 된단 말인가.

지금 회상해도 가슴이 떨린다.

병원에서 나와 발걸음이 떨어지질 않아 어떻게 집으로 왔는지 정신이 하나도 없었다. 뭐 이런 일도 있으랴. 한숨도 못 자고 날밤을 며칠 세웠다. 정신을 가다듬고 아이 눈을 유심히 살펴보았다. 갓난아이 때부터 눈동자가 흐려있는 것 같았고, 그리고 똑바로 사물을 바라보지 않은 것 같았다. 무언가 눈이 안 좋은지 아기 손이 눈으로 자주 가며 비빈다.

아, 이건 아니다. 이러고 있을 때가 아니다. 그때부터 서울에서 제일 유명하다는 "공안과" 물어물어 아기를 등에 업고 찾아가 진료를 받았다. 유명한 병원이라서인지 환자들이 꽉 차 있다. 차례 기다리다 치료받고 오면 하루가 꼬박 걸린다.

날마다 아기를 업고 "공안과"를 다녔다. 안양에서 서울로 정신이 나갔다. 세상에 눈을 뜰 수 없다니, 봉사가 웬 말이냐? 뭐든 할 수 있는 것 다 해 고치리라는 일념에 다른 일 다 제쳐놓고 친정어머니께 집과 큰아이를 맡기고 작은 아이 등에 업고 "공안과"에만 모든 신경을 썼다. 2년을 줄곧 이런 시간 속에 다녔다.

어느 날 "공안과" 원장님이 아이 눈이 회복되었다 하신다. 이젠 정상적으로 치료가 되었다 한다. 아! 이보다 더 반가운 일이 어디 있겠는가. 눈물이 났다. 하염없이 아이를 안고 울었다. 아무것도 모른 채 내 등에 업혀 열심히 치료한 결과 고마워라 내 아기.

또다시 눈물을 흘린 적이 있다. 커가며 걸어 다닐 수 있을 때쯤 되어서 줄곧 형만 쫓아다니며 형 밥숟갈이 빨라지면 함께 빨라지고 형이 밥맛이 없어 어린이집에서 먹는다며 그냥 나가면 빨리 옷 입혀 달라고 해서 똑같이 밥도 안 먹고 따라나선다. 묵묵히 말도 하지 않고 눈치껏 행동으로 척척 한다. 왜 그렇게 형만 쫓아다닐까? 담담한 둘째 우리 아이.

초등학교 때 얼마나 호기심도 많고 새로운 것 갖가지 사고 싶은 게 얼마나 많았을까. 형은 큰아이라 새 옷을 사다 입히면 동생은 자연히 형이 입던 옷 내려 입는다. 속옷까지, 헌 옷을 계속 내려 입혀도 표정 한번, 투정 한번 부리지 않고 담담히 다 받아 입어준 둘째. 언젠가 형이 메이커 옷, 신발, 가방 등 사달라고 조른다. 그 시절에는 왜 그렇게 큰아이, 큰아들 위세가 컸는지 부모가 더욱 그렇게 만든 것 같다. 어느새 또 여동생이 태어나 있었고 집, 환경, 모두가 여유롭지 못해 어쩔 수 없이 졸라대는 큰아이 것만 사 주었다.

둘째 아이는 얼마나 저도 가지고 싶었을지 알면서도 그렇게 못했는데, 둘째는 그냥 담담히 부모에게 사달라고 말 한마디 없다. 형이 좋아하는 물건들을 만지작거리며 놀고 있는 우리 둘째 아이, 며칠간 둘째 표정을 보며 죄지은 부모의 마음 지난날을 생각한다. 아무리 그래도 부모가 그래서는 아니 될 일이다. 사달라고 졸라대지 않는다고 그냥 넘어가다니…. 새삼 깨닫는다, 여건이 그렇게까지 어렵기만 했는지…

안양에서 살고 있을 때다. 안양에서 손꼽히는 기독교 계통 신성고등학교에 합격이 되어 있었다. 어느 날 학교에서 연락이 왔다 우리 둘째 아이가 1학년 전체 11등 했다고 한다. 그러니 학교 방침으로 11반 반장을 해야 한다고 한다. 본인은 반장을 하는 걸 반대한다. 며칠을 기다려도 마음을 바꾸지 않아 학교에 연락해 주었다.

  대학도 좋은 명문 대학에 다녔다. 부모가 보기에 순하고 착하기만 한 아이였다. 이제 결혼을 하여 한 가정의 가장으로 제 아이 가르치며 대기업에 성실히 다니며, 아내가 믿음이 깊어 신앙생활도 잘하고 있다. 옛날 어려운 시절은 점점 잊히고 있다. 둘째야 너한테 엄마가 미안한 게 많구나. 미안해, 사랑한다.

- 성경 말씀 -

내 아들아, 나의 법을 잊어버리지 말고
네 마음으로 나의 명령을 지키라
그리하면 그것이 너로 장수(長壽)하여
많은 해를 누리게 하며 평강을 더하게 하리라.

막내딸

지금도 기억이 새롭다. 가끔 농담으로 딸은 왜 저한테 의논도 하지 않고 둘째 오빠와 연년생으로 낳았느냐 서로가 피해가 컸다. 위 오빠는 엄마 젖도 마음껏 먹지 못하고 자기 때문에 큰 피해를 주었다느니 난 오빠 둘 때문에 이리저리 치이어 엄마도 알지 못한 마음의 상처를 받았다는 둥. 무엇이 그렇게 바빠 정신없이 4년에 아기 셋을 어떻게 키우겠다고 낳았느냐며 나더러 답답하고 멍청한 엄마란다.

듣고 나니 맞는 말 아닌가 싶다. 우리 딸은 위의 오빠들 때문인지 억세게 엄마를 방어벽 삼아 내 품 안에서 떨어지지 않으려 줄기차게 안간힘을 다했다. 모유만 4살까지 먹으면서 오빠들이 곁에 오는 것도 울음으로 제지해 버렸다. 갓난 아이 때에도 그런 의식이 있었나 싶다.

그래서 태교 때에도 산모에게 각별한 교육, 태아에 관한 여러 가지 몸가짐이 중요하다고 하지 않던가. 껌딱지처럼 따라붙어 내 마음대로 이리저리 꼼짝할 수가 없었다. 무기인 울보가 되어버리면, 엄마 오빠들은 순응할 수밖에 없다. 차츰 커 가면서 순조롭게 지내왔는데 갑자기 딸아이 코에서 피가 주르르 흘러내린다. 이 또한 깜짝 놀라지 않을 부모가 어디 있으랴. 2~3일을 지나 겨우 괜찮겠지 하고 마음 돌리면 또 피가 흘러내린다. 계속 이 병원 저 병원 전전해 다녀본다. 특별한 병명도 없다. 병원마다 조금 더 지켜보자고만 한다.

속이 그야말로 타들어 간다. 왜 그리 피를 보면 겁부터 나는지, 또 피다. 줄줄 흐른다. 이 무슨 이유일까? 큰 병이 생긴 게 아닐까? 날마다 신경이 예민해지며 초조하다. 아이는 코피가 흘러내리면 매우 싫고 두려운지 마구 울어댄다. 가슴이 타들어 가 또 병원으로 달린다. 특별한 치료도 없이 터벅터벅 집으로 돌아오면 발걸음이 천근만근 눈물이 앞을 가린다. 서울 큰 병원에 가서 검사해 봐야 검사를 온종일 많이 하는 것 같은데 결과는 특별한 병명도 역시 없다.

모든 검사를 했으니 다음 예약한 날 오란다. 이게 뭐람, 더욱 답답하고 정신이 없다. 병원마다 어떤 말이 없고 애만 안정시키며 편안히 같이 잘 놀아 주라는 것이다. 이 어린애가 자기 주변이 긴장하고 안정이 안 되며 불안한 게 아닐까? 엄마만 날마다 붙잡고 꼼짝도 못 하게 한다. 무언가 불안한 생각 때문인 것 같다.
어쩌면 오빠들이 자기를 밀어내고 엄마를 차지할 것 같은 불안감이 쌓여있지 않을까 하여 그때 생각을 바꾸었다. 어떻게든 셋 다 평등하게 사랑해 주리라 생각했는데 아직 어린 딸이기에 오빠를 제쳐두고 딸을 우선순위로 다시 조절해 나갔다.
"우리 딸이 제일 예뻐~ 제일 사랑해~"
아빠는
"우리 딸, 보배 딸, 뽀뽀 딸, 용 딸, 양념 딸"
병원에서
"공주님 탄생했어요"
간호사 언니가 말하니까 아빠는 저편에서 펄쩍 뛰며
"얼씨구 우리 딸 귀한 딸 얼마나 너를 기다렸는데"
라며 좋아했다 한다. 지금도
"영원히 사랑해 우리 딸"
 옷도 장난감도 원하는 대로 이것저것 다 사주었다. 물론

오빠들에겐

"동생이 아프니 너희도 도와주며 봐주어라".

피 흘리는 동생을 자주 보니 오빠들도 무얼 한들 상관 안 하고 동생 머리도 만져주고

"아프지 마"

하며 위로도 한다. 딸에게 신경을 집중했다. 병원 치료받으며 얼마간 지나다 보니 차차 횟수가 줄어서 3일에서 5일 일주일 10일 15일 1개월… 그렇게 또 지났다. 코피가 멎었다. 몇 개월에 한 번씩 감기 등 피곤할 때 피가 조금 나올 뿐이었다. 그 후 1~2년 정도 지나면서 완전히 코피는 흘리지 않았다. 한숨 돌리며 편안한 일상이 되었다.

그러다 딸아이 유치원 때였다. 남편의 주유 사업이 어려워 부도가 났다. 넋이 나간 가정이었다. 제정신이 아니었다. 법원에서 나와 모든 살림에다 노란 딱지를 여기저기 붙이고 갔다. 우리 아이들, 동네 아이들이 모여 우리 소파에서 방방 뛰다 붙여놓은 딱지를 떼서 날리며 깔깔거리며 놀고 있다.

깜짝 놀라 제지하며 절대 손대면 안 된다고 철저히 주의를 주었다. 날마다 딸아이를 유치원에 데려다주고 서울 사무실에 다녔는데, 부도난 후 딸아이 유치원도 챙기지 못하고 새벽 일찍부터 사람 만나야 하기에 나가곤 했다. 친정어머님이 자주 오시기는 하셨지만, 오빠네 살림을 도맡아 하는 형편이라 우리 집에 손이 다 미치지는 못했다.

여름이었다. 기진맥진 아이들 걱정되어 서둘러 집에 오니 딸아이는 유치원에 가지 않고 혼자 집에 있다. 더욱 놀라운 것은 거실에 있는 금붕어 항아리에 고기가 거실 바닥에 말라 죽어 있다. 또 예쁜 새장의 새들도 어디론가 다 날아가 버리고 없다. 새장은 거실 바로 앞 낮은 곳으로 보면서 놀라 하며 자리를 옮겨 놓았었다.

"물고기는 왜 나와 죽고 새는 다 어디로 날아 가버렸니?"

딸아이 말이 충격을 준다.

"응 엄마. 난 엄마도 안 오고, 엄마하고 유치원도 못 가고 심심해서 고기 더러 너희도 엄마 보고 싶지? 너도 엄마한테 가서 놀라 하고 내가 꺼내주었지. 근데 가지 않고 저러고 있잖아. 그리고 새도 엄마한테 가라고 문 열어 주었어."

가슴이 딱 막힌다. 방으로 들어가 주저앉아버렸다. 그래 정신 나간 엄마였다. 얼마나 엄마를 기다려도 오지 않아 물고기에게 엄마 찾아가라고 했을까? 오직 자기 엄마 만나는 것만 생각했구나. 새는 문을 열어준 지 얼마 안 되었는지 시끄럽게 짹짹거리며 한동안 집주변을 날더니 얼마 지나 어디론가 사라졌다. 그 후 될 수 있는 대로 외출을 줄이고 나갈 일이 있으면 데리고 다녔다. 지금 생각하면 딸아이는 정이 많은 아이다.

  우리 딸은 어려서부터 알뜰 살림하는 지혜가 있었나 보다. 오빠들이 날마다 돈 100원 주면서 가게에 가서 자기들이 원하는 과자를 사다 달라고 한다. 그럼 동생은 서슴없이 달려가 심부름한다. 100원에서 10~20원 남은 돈은 딸아이 자기 돈이 되니 수입이 생기는 일이다. 그럼 오빠들은 과자를 맛있게 먹으면서 동생에게 조금도 나눠주지 않은 것 같다. 자기들도 남은 돈으로 동생에게 대가를 치렀으니, 당당히 입맛대로 잘도 먹는다. 참 생각하면 어린 마음은 거기서 한계가 있나 싶다.

  - 성경 말씀 잠언 31장 주고 싶다

  누가 현숙한 여인을 찾아 얻겠느냐
  그 값은 진주보다 더하니라
  입을 열어 지혜를 베풀어 그 혀로
  인 애의 법을 말하며 그 집안일을

보살피고 게을리 얻은 양식을 먹지 아니하나니
그 자식들은 일어나 사례하며 그 남편은 칭찬하기를
덕행 있는 여자가 많으나 그대는 여러 여자보다 뛰어나
다 하느니라
고운 것도 거짓되고 아름다운 것도 헛되나
오직 여호와를 경외하는 여자는 칭찬을 받을 것이라
그 손의 열매가 그에게로 돌아갈 것이요 그 행한 일로
인하여 성문에서 칭찬을 받으리라.

  어찌 아이들이 감기 배 아픔 소화불량 등 아픈 때가 없었겠는가. 엄마가 '외유내강'의 교육이었는지? 아이 셋 다 학교 가기 싫다고 한 표정은 한 번도 기억이 없다. 당연히 학생은 학교에 가야 할 의무가 있고 부모는 부모의 책임이 있다.
  세대 차이가 있다고 하겠지만 학생은 당연히 선생님을 존경하며 마음으로 최선을 다해 공부를 열심히 해야 한다. 또 기억이 난다. 초등학교 2학년 초겨울이다. 딸아이가 감기로 심하게 아파 열과 기침이 심하고 머리가 아프다고 한다. 약을 먹이고 따뜻한 방에 눕게 했다. 그런데 이웃에 사는 친구 은정이가 대문 벨을 누르며 학교 가자고 딸 이름을 불러댄다. 소리소리 지르며 현관까지 올라온다. 옷을 주섬주섬 두

껍게 입고 나서며 그냥 학교 가겠다며 나간다. 나는 걱정이 되어 학교로 갔다. 수업 시간이라 조심스럽게 기다리는데 담임선생님께서 집으로 데리고 가라 하신다. 딸애는 학교에 왔으니 끝나면 간다고 버틴다. 선생님께서 양호실에 데려다 주어 결국 학교 끝나고 왔다.

　5년 정도 됐을 법하다. 초등학교 다니면서까지 인형 하나를 줄기차게 자나 깨나 자기 수중에 꼭 가지고 있어 깨끗이 씻어 햇볕에 잘 말려두었다. 5년 전에 줘 봤다. 45살쯤 되었나 보다 서슴없이 받아 자기 집으로 가져간다. 새삼 생각난다. 딸아이 3학년 때이다. 체육 시간이어서 밖에 나가 연날리기를 했었단다. 연을 하늘에 날리며 하늘만 쳐다보다 넘어져 앞니 2개가 깨지고 시퍼렇게 멍이 들어 왔다. 치과 치료를 받았지만, 지금까지 그 앞니가 좋지 않아 속상해하며 원망스러워한다.

　물론 엄마의 잘못도 있다. 적극적으로 치과 치료를 해주지 못한 탓이 아닐까…? 그리고 지금 같으면 학부모 입장에서 수업 시간에 아이를 그렇게 앞니 2개를 깨졌으니 가만있겠는가.

　학교 선생님 찾아가지도 못했다. 물론 부모 세대도 선생님은 더욱 엄격하고 두려웠지만 우리 아이 때에도 선생님을 많이 존대하며 어려워 말 한마디 못 했다. 딸한테 가끔 이 때문에 지금도 속상해 원망도 듣는다.

── 마치며 ──

　세 아이 다 초등학교 통지표 상장, 큰아이 유치원 때 직접 그린 그림, 마징가Z, 스크랩 등 지금도 내가 가지고 있다.
　사위 며느리 있으니 무슨 보물 가보인가, 알아서 정리해야겠다고 생각한다.

　이웃 도우미 아주머님 일을 도와달라고 했는데 1개월 만에 그만두었다. 그때도 우리 집 줄곧 다니며 우리 애들 조금씩 내가 힘들 때마다 돌봐주신 분이 계셔 50년이 지난 지금까지 그 고마움 잊지 않고 명절 때 급한 형편 때마다 잊지 않고 조금씩 보답해 드린다.

내가 힘들 때 도와주신 분이기에 늘 감사하며 잊지 않는다.

　6년이란 작은 세월은 아니다. 세 아이가 6년 내내 개근상을 받아왔다. 어쩌면 개근상이 우등상보다 더욱 가치 있는 게 아닐까 생각한다. 단지 어려서 부모 마음에 충격도 있었지만, 초등학교 다니면서부터는 무난히 큰 병없이 대학까지 성실히 졸업했다. 인내와 끈기로 성실히 살아가는 원동력이 되었으면 하는 바람도 있었다. 생각하면 부모로서 물질적인 도움은 제대로 해주지 못해 언제나 미안할 뿐이다. 결혼해서 아이 둘 낳아 가르치며 잘살고 있다. 요즘 엄마들 다 그렇듯이 가족 뒷바라지하며 열심히 살고 있다.
"맹자 어머니 닮아가니? 아님, 한석봉 어머니라도."

내가 아프다면 재빨리 달려와 도와준다. 아들 며느리 다 직장에 가고 없다. 각자 자기 가정 살림하기도 바쁘며 힘이 든다. 어쩌다 딸을 낳아 이제 저렇게 도움을 받는다. 딸이 하나라서 외롭다고 푸념도 한다. 건강이 갑자기 안 좋아지면 자녀들한테 의지 안 할 수가 없다. 서로가 부담스럽지만 어쩌랴.

80이 지나 자녀 셋 낳고 지나온 세월을 더듬어 본다. 내가 당당히 말할 수 있는 건 지금까지 단 한 번도 세 자녀가 싸워본 적 없이 잘 자라주었다는 자부심이다. 성실히 잘 살아가고 있다. 부모가 된 마음에 지나온 세월 속에 뒷바라지를 잘해주지 못해 미안할 뿐이다. 더욱 많이 미안하다. 지금까지 잘 살아주고 잘 지내고 있어 이 또한 많이 고맙기만 하다. 부모의 마음은 한도 끝도 없이 미안하고 고맙단다.
하나님께 감사합니다.

이제 우리 셋 아이들 학교 나와 자신들 가는 길 가며 직장 구하고 나에게 힘들게 하는 일 없었다. 또한 내가 어려울 때 다 함께 힘을 모아주었다. 한때 매달 생활비를 시댁에 정성껏 마음 편하게 보내준 우리 며느리들 요즘 세상에 이런 며느리들 있을까.

세월이 지나갈수록 정말 고맙고 흐뭇하다. 내가 어깨 수술하고 병원에 입원해 있을 때 대출받아 가져다준 마음 깊은 며느리 참 고맙다. 반찬도 택배로 내가 좋아하는 것 수없이 보내주곤 했다.

역시 딸은 365일 연락만 하면 반찬 싸 들고 즉시 달려오는 나의 분신. 내가 아주 가끔 용돈을 조금 주겠다면 세 아이 다 적극 사양한다. 참 고마운 우리 아이들, 모두 셋 다 자기 집을 가지고 있어 마음 든든해 좋다. 잘 자라주어서 고맙기만 하다. 셋 아이들 나의 희망이고 나의 미래다.

친구

나의 고향은 조용한 면소재지였다. 60년대에는 어려운 시절 초등학교만 있었지 중 고등학교는 군 소재지에 있었다. 교통도 아주 불편했고 통학버스는 전혀 없는 시절. 눈 오고 추운 겨울에도 왕복 10km 되는 가파른 고갯길을 날마다 아침 일찍 학교에 다녔다. 왜 그리 60년대의 겨울은 더 춥고 눈도 많이 오는지 끈기와 인내를 가지고 다닐 수밖에 없었다. 또 많은 학생이 20km 이상 걸어서 학교에 다녔기에 나는 거기에 비하면 할 말이 없었다.

겨울에 6시간 수업을 마치고 교문을 나서면 어둠이 깔린다. 비 오는 날, 눈보라치는 날이면 더욱 힘들고 어려웠다. 산 중턱 고갯길을 넘어가려면 캄캄한 밤이 되어 모든 나무가 시꺼먼 사람이 죽 서 있는 느낌이 들어 가슴이 오싹오싹했다. 여기저기서 짐승 울음소리가 괴상하게 들려와 이웃 동네에 사는 같은 반 남학생 뒤만 따라간다. 고등학교는 남녀 공학이었다. 6년 동안 한 길, 한 고개 넘어 날마다 학교에 다니면서 말 한마디 건넨 적 없었는데, 지금은 친구가 되어 밥도 같이 먹고 옛날 이야기하며 자연스레 잘 지내고 있으니 다행이다.

  내 짝꿍 친구는 눈이 많이 오고 비가 오는 날이면 자기네 집으로 강제로 팔짱 끼고 가곤 한다. 생각하면 참 고마운 친구다. 친구 집은 부자였다. 가정부가 2명이나 있으며 아버지께서 큰 사업을 하셔서인지 대궐 같은 기와집이 안채 사랑채 나누어져 있었다. 친구 어머님은 따뜻한 분이셨다. 날씨가 조금만 안 좋아도 왜 나하고 같이 안 오느냐고 오히려 물어보시곤 하셨다 한다. 또 다른 친구. 지금 대전에서 사는 정아다. 똑같이 어느 때는 자기 집으로 가자고 졸라댄다. 일생에 믿을만한 친구 셋만 있으면 성공한 인생이라는 말이 있다.

  그런데 그 따뜻한 친구가 어느 날부터 치매가 진행되고 있다. 남편이 돌아가셔 장례식 때는 담담하고 의연했다. 그 후 위로도 하며 만남의 기회를 자주 가졌었는데 얼마 안 되어 갑자기 이상한 말과 행동을 한다. 종로에서 점심을 먹기로 약속하고 길을 못 찾아 헤맨다. 이런 상황이 계속되자 스스로 판단하여 만나기를 꺼린다.

  친구는 남편과 강원도 전원주택과 서울 자기 집을 오가며 부러울 정도로 국내외여행도 잘 다니며 재미있게 잘 살았는데, 남편이 갑자기 암으로 세상을 등지고 없으니, 모든 것이 한순간에 무너져 충격을 받은 것 같다고 그녀의 딸이 전한다. 서서히 친구가 멀어져 가는 느낌이다. 서글펐다.

  세월이 흘러 그럴 수밖에 없지 않은가. 같이 앉아 대화는 한다. 말이 끝나면서 무슨 말을 했는지 잊어버린다. 날마다 몇 번씩 전화가 온다.

  "난 너밖에 친구가 없어, 다 통화가 안 돼. 너는 전화 받아주어 고맙다."

  이렇게 대화할 땐 정상인 거 같다. 내가 아팠을 때 간간이 위로도 자주 한다. 그러다 갑자기 변화가 한순간에 온다. 가슴이 아리다. 이젠 혼자 집에서만 꼼짝하지 않고 어디든 가지 못하는 친구. 왜 이런 병이 왔을까 모든 걸 믿고 의지하던 남편이 어느 날 갑자기 떠났으니 저렇게 되었구나.

  친구 집에서 이틀을 지냈다. 하루 종일 말 한마디 할 사람 없어 죽겠단다. 밤새도록 이야기하자며. 같은 말만 밤새 계속한다. 듣다 듣다 잠이 들었다. 이틀을 지내고 집에 오자마자 전화가 또 온다.

"너는 왜 우리 집에 이렇게나 안 오니? 한 달 아님 두 달 너의 남편한테 말 잘해서 우리 집에 있다가 가라 응? 응? 나 혼자 많이 힘들다."

기가 막힌다. 바로 갔다 왔는데 왜 저렇게… 그래도 친구는 친구다. 다 떠나가도 나는 여전히 변함없으리라.

어떻게 생각하든 나는 나다 친구가 치매에 있어도 배신하는 게 싫다. 저나 나나 이중적인 행동은 더더욱 싫다 나 또한 어떻게 되는지 모르지만, 물론 대전의 정아도 사흘이 멀다고 안부 전한다. 서울이 아니어서 얼굴은 보지 못하지만, 지난번에 남편과 함께 내려가 하룻밤 같이 보냈다. 어떠한 환경에 있어도 친구가 좋다. 나를 아끼는 순수한 두 친구였기에 내가 어찌 잊을 수 있으랴. 앞으로 친구는 변화가 많이 있을 거로 생각한다. 지금도 예전과 아주 다르다.

그렇게나 깔끔 떨고 결벽증에 가까웠는데 하루에도 몇 번이고 걸레 들고 이곳저곳 닦으며 새벽부터 청소를 하곤 했는데, 엊그제 갔을 적엔 몸에서 머리에서 냄새가 난다. 의식을 못 하는 것 같아

"지금 샤워해라"

말이 끝나자마자 샤워한다. 청소한 걸레가 어느 집 행주 같았는데 새까맣다. 그냥 하기 싫단다.
"그럼, 아들 며느리와 같이 살면 어때?"
펄쩍 뛰며 안 산다고 한다.
"내가 왜 눈치 보며 아들 내외와 사니"
"너 그럼 하루에도 몇 번씩 나한테 말하던 내가 집이 없니 돈이 없니 아들딸이 없니 나 있을 건 다 있다. 했잖아?"

"돈도 남편 연금 나오지 방마다 월세 다달이 통장에 들어오지. 나 돈 많다. 쓸데가 없다. 365일 아들이 가져온 김치 한 가지만 있으면 된다."
집에 가보니 정말이다. 다른 반찬은 거의 먹지 않고 오직 배추김치만 먹는다. 국을 끓여도 먹지 않는다. 다 먹기 싫다 한다.
"대한민국에서 너 같이 김치 한가지만 먹는 사람 처음 본다."
"그럼, 돈도 많이 있으면 사람 한 분 같이 살아라. 너 밥도 청소도 목욕도 다 해줄 것이니"
친구는 성격이 참 이상하다. 사람 오는 것도 싫어하고 왜 그런지 나도 모르겠다.
"그럼, 경로당이나 교회 절 답답하고 외로우니 그곳이라고 다니렴. 처음 가는 곳이니 나하고 어디든 가보자"

모두 거절한다. 무언가 의식적으로 자기에 관해 파악했던 거 같다, 요양원은 더더욱 안 간다고 한다.

"난 이렇게 혼자 사는 게 좋다. 365일 김치 한 가지만 먹어도 이렇게 아픈 곳 없이 잘만 산다."

"너는 이것저것 영양가 찾아 먹는다며 왜 그렇게 아프다고만 하니?"

맞는 말이다.

"그럼 하얀 쌀밥에 콩이라도 섞어 먹으렴"

"싫다. 콩이 없겠니? 콩밥 잡곡밥도 싫은걸. 내가 이상한 여자야"

참 까다로운 인간이다. 자기가 치매인 줄 모르고 친정 부모님 유전 받아 혈압약 한 가지 먹고 있다고 한다. 그러나 본인이 길도 찾지 못하고 무언가 자기가 소외된 사람이라는 걸 느끼는 것은 확실하다. 다른 사람은 만나고 싶지 않다며 나더러 몇 개월 살다 가라며 계속 반복한다. 안타깝다. 신변의 변화가 많아지면 자기 집 지하방이라도 들어가지 않을까. 내가 다니다 화장실도 못 가고 뭉그적거리는 걸 보고 그냥 뛰쳐나올 수도 없는 일이다. 뒤처리를 깔끔하게 해결해 주어야 개운한 마음으로 집에 돌아올 수 있을 것이다.

친구야! 부디 여기서 정신 줄 더 놓지 말아다오. 나의 친구야. 모든 것을 버리고도 가슴 아파하지도 못한 너, 난 솔직히 친한 친구지만 만나면 입이 마르도록 돈 자랑 하며 돈 쓸 데가 없다는 너와 나는 단 한 번도 돈거래 한 적 없는 참 깨끗한 관계다. 같이 앉아 대화하면 당연한 말만 한다. 순간순간 틀림없는 말을 할 땐 정신이 온전한 것 같아 숙연해진다. 더욱 툭툭 털어버리지 못할 것 같다. 시끌벅적 농담하는 친구가 아니었다.

미소 짓는 담담한 표정으로 늘 조용히 대화하며 영화도 보고 쇼핑도 하며 자주 만나는 짝꿍이었다. 이제 어쩌랴 인생의 무상함을 느낀다. 옛 추억만 남겠구나. 며칠 전 비가 많이 오는 날 찾아갔더니 나주 동생 집에 가고 없다 텅 빈 집이다. 친구야 우리 아프지 말고 자주 만나자.

자존심 자존감

돌돌 말아 나를 접어본다.
또 풀어 본다
접었다 풀었다 별것 아닌 것
돌돌 접어 말아보면 자존심
마음을 스르르 풀면 자존감

 깎아 세운 모난 바위에 기대며 자라 난 소나무 너 또한 자존심 못난 돌이 모서리가 깎여 매끄럽게 할 테면 자존감이 놓아 질 수밖에 그러기에 어쩔 수 없이 두 가지 다 소유한 욕심쟁이다. 그나마 나의 염원은 하늘에 달려 있다. 그렇지만 너만의 자존심 때문에 몸 사리며 받들다 못해 스스로 높이고 있는 저 먼 바다 산너울에 뽀족뽀족 솟아난 암바위처럼 모서리에 그래봐야 무엇이 있을까? 함께 부딪히다 보면 상함이 분명하다 서릿발이 돋아있다 자신도 상처투성이다.

　조금만 함께 했으면 좋았을 걸 더욱 가까이 했음 얼마나 좋았으랴 먼저는 남 앞에 서기 싫었다 이리저리 꺾이다 보면 이성을 잃어간다. 밑바닥이다 자기 감정도 다스릴 수 없다. 아랑곳 없다. 오직 분노로 변한다 이래서도 저래서도 절대 안되는 일, 다시 회복하기 어렵고 땅에 뒹굴며 허둥지둥 담을 수 없는 일 피폐한 일상 속에 인생을 엮어간다.
　아! 그 삶이 이렇게 안타까울수 있으랴. 10년 20년 쌓아온 고귀한 삶은 어디론지 온데간데없다. 몹쓸

　하나님께 기도드린다. 채워지지 않은 망상 때문에 흡족이 메꿀 수 없어 제3의 인간에게 넘긴다. 얼마나 비참할까! 어느새 어설픈 여정 속에 채움 없는 교만으로 꽉 차 있다 자존심이던가 오늘도 바닷가 모래를 밟으며 밤하늘의 별과 함께 바닷물에 풍덩 담근다 바다 속 밤하늘 출렁거린다.

　오! 그대 가슴은 차갑다 못해 시리다. 벼도 다 차오르면 고개 숙인다. 겸손해진다. 머물다 보면, 너는 다시 맹인 벽에

똑딱거리는 벽시계인가 봐 그래도 겸손의 나래를 펼 수 있었으면 더욱 행복한 삶이 아니겠는가. 다시 나는 일어나 나의 세계를 펼쳐 본다. 자존감 너는 인격을 갖춘 너였기에 바로 너였구나. 아름다운 너 아름답게 가꾸어 가려무나 노년의 아름다움은 시샘 없이 편안한 길이니 나도 그 길이 좋아 가야겠다.

보령행

    오늘 언젠가 여행을 같이 갔던 분이 연락이 와서 보령 바다 해저터널을 가 보기로 했다. 아침 7시 30분에 집에서 버스를 탔다. 안개 낀 아침이다.
    운해가 앞을 가린다. 차츰 운해가 걷히면서 해가 솟아 따뜻한 가을 날씨로 변한다. 좋았다.

    관광버스는 약속 시간이 지났는데 오지 않는다. 일행 한사람이 늦게 와 40분 정도 지나서 왔다. 차 안에서 김밥 한 줄을 먹으며 시장기를 면했다. 막힌 곳 없이 줄기차게 차는 달린다. 넓은 들녘에는 오곡이 무르익어 황금물결을 이루며 드문드문 벼를 수확하고 하얗게 뭉쳐진 소먹이 벼 뭉치가 뒹굴고 있다. 차창을 스치는 자연의 신비스러움에 넘쳐 마음속 기도 드린다. 어쩌면 그 뜨겁던 여름날이 엊그제 같은데 이렇게 높고 푸른 하늘에 시원한 가을 향기를 품어줄까 감사합니다.

하나님 아버지, 이 해맑은 가을 녘에 있게 하여 주신 은혜로 인하여 건강한 모습으로 이렇게 잠깐이나마 여행을 즐기고 있습니다. 땀 흘려 가꾸는 보람 농부들만의 기쁨이 아니라 모두에게 자연이 주는 기쁨을 같이 나눌 수 있어 감회롭지 않을 수 없습니다.

농부 자신들이 뿌린 씨앗의 열매를 거두는 이 가을에 감사한다. 이윽고 보령 시내로 들어섰다. 여러 상가 간판이 줄지어 뾰족이 둥글게 모나게 형형색색 모양으로 다양하게 돋보이게 한다. 지방 시내답게 한적한 도시를 잠시 지나치며 보령 해저터널로 접어든다. 길이 6,927m로 2010년 12월 착공되어 2021년 12월에 완공 및 개통된 해저터널이다. 해저터널이 이루어지면서 도서 지역의 생활권 또한 확대되고 있으며 원산도와 대천항을 지나 서해안 일대를 이어주며 서해안 관광의 중요한 다리가 되고 있다.

바다의 저편을 바라보니 왠지 마음이 한없이 넓어진다. 무언가 품어 안아준다. 그리고 뭐든 용서하고 싶다. 바다는 역시 무한의 세계 더없이 잔잔하다. 배를 노 저어 어딘가 끝없이 가보고 싶은 심정, 소녀적 마음에 서성거린다. 아! 이렇게 아름다운 바다여 어디서 왔는가 그리고 어디로 가는 건가. 하늘과 너만의 황홀한 경지를 이루고 있지 않은가

  관광하러 오신 일행과 함께 회와 매운탕 등 맛있게 저녁을 먹고 벌써 어두워진 저녁노을 등 뒤에 남겨두고 밤길에 집으로 향한다.

가을 여행

　가을이 찾아왔다. 멋진 가을과 함께 오늘도 감사함으로 시작하여 밝고 환한 마음으로 오전 9시에 강남역으로 간다. 움츠리던 날씨가 맑고 햇볕 좋은 가을 날씨로 다가온다. 동서울 터미널 시외버스를 타고 남편과 강원도 행이다. 차창 너머 산들이 낙엽으로 오색 물결을 이룬다. 산마다 꽃봉오리를 연상케 하며 아름다운 자연을 만끽한다. 오랜만에 남편과 오붓한 시간 새삼 정겨움으로 기분까지 좋아진다.

　산을 지나자 아담한 시골 동네, 아늑한 느낌으로 다가오고 우뚝 선 교회 십자가도 보인다. 저 먼 산 넘어 산등성이 맑게 펼쳐진 가을 하늘, 나뭇잎 하나하나까지 오색 물들여주신 자연의 섭리에 전능하신 하나님께 감사드린다.

차는 많은 터널 긴 터널 지나며 목적지를 향해서 계속 달린다. 저 깊은 산속 하얀 집 누가 살길래 신기하고 궁금해진다. 또 저 높은 산 아래 옹기종기 모여 사는 사람은 무슨 생각 하며 산속에서 살고 있을까?

  산의 계곡이 있기에 물든 낙엽으로 나무들은 운치 있게 더욱 꽃송이 되어 아름답게 보인다.

  계속 스치는 풍경에 눈이 스르르 잠긴다. 감상에 젖어 든다. 저 푸른 하늘과 뭉게구름 너울지어 흐르고 있는 넓은 바다, 산 굽이굽이 사잇길 사이사이로 강도 스쳐 지나간다. 오늘따라 하늘이 내게로 온다. 호수처럼 푸르다. 낭만이 넘치는 황홀함 포기 못 할 것 같다. 숲속 하얀 큰 바위 변함없이 자신의 존재가치를 나타낸다.

  또다시 산속 아름다운 집들 보인다. 그 속에서 살고파라. 평화로워 좋다. 생뚱맞게 우뚝 솟아난 아파트는 또 뭐길래 자기 설 곳이 없어 어딘가에서 밀려왔는지 우뚝우뚝 뽐내는 것 같다. 오히려 얄밉기까지 하네.

  구정휴게소 조금 지나니 소나무 군락이 있다 곧게 뻗어 붉은빛 띄운 소나무 그래도 잎은 청청 푸르다. 옛 선조들이 송죽 난 호를 부른 이유를 알 것 같다. 오색 물든 단풍나무 속에 소나무들만 푸르름 지니고 있다. 자연을 향해 마음을 열어 본다. 여기저기 하얀 노랑 연보라 들국화도 화려하게 낙엽 잔치에 초대되어 자태를 뽐내고 있다.

 말끄러미 산 끝을 바라보면 손을 들어 하늘을 만질 수 있을 것 같다. 구름도 한 아름 껴안을 것 같아 감상 어린 소녀의 마음이다. 바다와 연결된 강줄기 지나 또다시 바다가 펼쳐진다. 강원도 삼척에 들어왔다. 싱싱한 가자미구이로 점심을 먹고 택시를 탔다. 삼척 종합박물관이다. 와! 이런 곳이 우리나라에 있었단 말인가.
 세계 곳곳에서 들여온 어마어마하고 이상스럽게 생긴 돌들, 2만 년 전 350만 년 전 해골, 희한하고 아름답고 신기한 돌. 밖에는 뾰족뾰족 웅장한 돌. 겹겹이 산처럼 쌓여있는 돌 밑으로 산줄기 따라 맑은 물이 솟아 흐른다. 자연으로 정말 신기하고 좋았다. 아! 이런 곳도 있구나 처음 대한 곳이라서인지 정신없이 한참을 머무를 수밖에 없었다. 동해를 향해 택시를 타고 가다 보니 오십천이라는 긴 다리에 강이 있었다. 은어가 서식하며 살아가고 있다고 한다.

 새벽이다. 바닷가 찬 공기가 방안에 스며든다. 해돋이 보기 위해 바닷길을 걷는다. 잔잔한 파도가 굽이굽이 물살을 말아 줄지어 부딪히며 또다시 반복하여 다가온다. 하얀 물방울 구슬을 잔뜩 머금고 우리가 걷고 있는 가까운 곳까지 뿌려주며 또다시 계속 뿌려준다.

 은빛 너울이 펼쳐지며 해는 저 동해 가까운 곳에서 솟아오른다 아! 이 신비하고 황홀함. 하나님! 천지를 창조하신 하나님 감사합니다. 어찌 우리 인간의 능력으로 이 아름답고 신비한 해 우주를 만들 수 있으리오. 감격합니다. 하나님 감사합니다.

 해 뜨는 광경을 바라보고 하염없이 발이 그 자리에 머물러 있다 움직이지 않는다. 해는 구름 사이로 헤치며 솟아오른다. 저 수평선 넘어 파도는 잔잔히 이루어진다.
 바닷가 모래 위에 국화꽃 전시회가 열려있다. 바닷물결 따라 모래 위에 형형색색 국화꽃이 만발하여 향기가 가득하다. 이렇게 자연스러운 꽃향기에 도취 되어 사진도 찍는다. 바다와 함께 화려하고 조화롭게 핀 국화꽃의 짙은 향기 맡으며 잔잔한 바다 위에 떠 있는 듯하다.

 맞이하는 가을 내가 살아있기에 생명의 푸른 꿈이 되어 피어오른다. 내가 없으면 세상도 없습니다. 나의 존재가 큰 힘이 됩니다. 발길 머무는 곳에 삶은 하늘이 주신 것입니다.

맑게 갠 파란 하늘과 상쾌한 바람이 즐겁게 합니다. 생명의 푸른 꿈이 피어오릅니다. 동해에 묵호항을 지나 KTX를 타고 산과 바다를 접으며 집으로 향한다.

이광자 시집

내가 여기 있음에

□ 평론

꿈과 눈물로 빚어낸 존재의 미학
- 첫 번째 작품집 『내가 여기 있음에』

張 鉉 景
<시인, 수필가, 문학평론가>

□ 평론

꿈과 눈물로 빚어낸 존재의 미학
- 첫 번째 작품집 『내가 여기 있음에』

張 鉉 景
<시인, 수필가, 문학평론가>

1. 글머리에

건들바람 타고 쑥 올라간 가을 하늘. 황금빛으로 일렁이는 평원(平原), 온통 붉게 물들어 선명하게 선을 그리는 산등성이, 연못가에 청초하게 피어있는 들국화, 그 위를 맴도는 고추잠자리, 열려오는 이 가을을 그리며 서정(抒情) 이광자(李光子) 시인의 시 세계의 창(窓)을 열어본다. 무릇 여류 시인들은 그동안 삶을 살아오며 좋은 일과 더불어 가슴에 맺힌 한과 외로움이 많아 이것을 극복해 가는 데는 시(詩)와 수필만큼 더 좋은 것은 없으리라.

서정(抒情) 시인은 고희(古稀)를 지나 산수(傘壽) 고개를 넘기면서 보이지 않게 어려운 환경 속에서도 글쓰기를 멈추지 않아 오늘날에도 그 흔적을 드러내고 있다. 고향의 추억, 자연에 대한 관찰, 삶의 고찰 등을 작품으로 담아내는 시인은 작가의 내면세계를 직관적 감성으로 쉽고 겸손하게 풀어내는 모습을 보여주고 있다.

　이광자 시인은 희수(喜壽)를 지나 꾸준한 습작으로 시 부문 신인상을 수상하게 되어 기쁘기 그지없다. 돌아보면 시인은 그사이 수필도 등단하여 시인 수필가로 거듭나게 되었다. 산수(傘壽)를 지나 시집, 『내가 여기 있음에』를 발간하였고 문학상 본상을 받게 되어 작가로서 큰 명성을 얻게 되었다.

　작가가 나름의 노력으로 작품집을 갖게 된다는 것은 매우 기쁜 일이다. 오늘날 사건이 많은 사회적 상황에서 문인들이 산수(傘壽) 성상(星霜)에 이르기까지 숱하게 어려운 고비를 넘겨 왔음을 우리는 기억해야 할 것이다. 산수를 지나며 문학사에 남을 시와 수필을 곁들인 문학 작품집을 남기겠다는 결심으로 또 한 권의 책으로 상재(上梓)하게 된 시집,

『내가 여기 있음에』는 서정(抒情) 수필가의 인생 역정이 잘 펼쳐져 있다.

  그리하여 이광자 시인의 시들은 대체로 소박하고 있는 그대로의 진실과 자연의 아름다움을 표현하고 있어 읽기가 쉽다. 나아가, 무기력한 삶을 살아가는 사람들에게 밝은 심리를 그려 인간관계에 대한 좋은 인식을 심화시키는 작품이라 하겠다. 또한, 이광자 시인도 생활의 서정을 통해 인생에 대한 관조적 태도를 견지하고 오늘의 현실을 미화시키려는 노력을 시심(詩心)으로 표출해 나가고 있다고 하겠다.

2. 고뇌(苦惱)의 즐거움

먼 길을 돌아 돌아 와보니
세월이 있네

그 세월 속에
기쁨과 고통과 눈물이
범벅이 되었다

그 세월은 늘 새롭다

어떤 날은 햇볕이 쨍 비추고
또 어떤 날은 구름이 끼고
때로는 비가 오고
소나기도 세차게 내린다

이제 하얘진 머리로
하늘을 우러러본다.

- 「세월」 全文

  그 세월 속에 이리저리 흔들리는 삶을 시화하고 있다. 시적 화자의 분신에 해당하는 가냘픈 인생에서 시인은 비수와 오기를 발견한다. 그 연약한 인생이 비수를 품고 오기로 무장하고 있는 것은 방해 세력들로부터 자신을 지키기 위해서이다. 나아가 햇빛과 바람이 연약한 삶을 보호해 주고 있다.

  그리하여 삶은 무엇을 지향하고 있는 것일까? '그 세월 속에/ 기쁨과 고통과 눈물이/ 범벅이 되었다.'고 인생이 천덕꾸러기 신세로 슬펐으나 몸매를 키워 황금색 옷을 입고 아름다운 자태로 춤을 춘다. 마치 신들린 춤으로 사람들과 어

우러져 하얗게 춤을 춘다. '어떤 날은 햇볕이 쨍 쬐고/ 또 어떤 날은 구름이 끼고/ 때로는 비가 오고/ 소나기도 세차게 내린다.' 결국 시인은 삶을 통해 색깔의 오염이 없는 무념무상의 춤으로 무량한 자유를 추구하고 있다.

   절망을 넘어서
   소망이 보인다

   무관심 무의미였던가
   우리의 병이 아닌가?
   절망을 넘어서 소망으로 맞이한다

   성숙하게 귀를 기울이면
   절망의 터널을 지난다

   희망의 시작 새로운 삶을
   소망을 위해 살지 않으렴!

     - 「소망」 全文

'시인은 하늘이 점찍어 이 땅에 보내는 특별한 존재이다'라고 말을 한다면, 예술의 길이 넓어진 요즈음 손사래 치며 부정하는 사람이 많을 것이다. 그러나 평자는 진정한 시인의 길은 운명이며 선택받은 소수의 사람만이 걷는 길이라고 생각하고 싶다. 화자는 삶이 어려워 절망적 충동감에 빠질 때 시를 통하여 진솔한 고백을 쏟아놓는다. 삶은 바람과 같아 순풍만 불지 않고 강풍도 분다. '성숙하게 귀를 기울이면/ 절망의 터널을 지난다// 희망의 시작 새로운 삶을/ 소망을 위해 살지 않으렴!'에서 시적 주제나 메시지는 매우 진솔하고 참신하다.

시간은 그 가치에 따라
값이 난다

인생은 스스로 하나씩
노력해야 한다

막히면 돌아간다
지혜를 떠받들고 겸손히
갈 길 가다 보면 오늘이 온다

유유히 흐르고 흘러
끈기와 인내심으로
대의를 이룬다.

　　　　　- 「시간」 全文

　시간은 돈이다. 시간을 잘 활용하여야 성공한다. 열심히 일을 해서 번 돈을 날리게 되면, 돈이 문제가 아니라 시간이 너무 아깝지 않은가! '시간은 금'이라는 말을 누구나 들어봤을 것이다. 시간은 우리가 생각하는 것보다 훨씬 더 큰 가치를 지니고 있다.

　시간은 무엇인가? 화자는 돈이 시간이라고 생각하여 절약하려고 하였을 것이다. 서정 시인은 우주에 시간의 무한성에 비하여 인간의 생명은 유한하고 죽음을 통해 흙이 될 숙명임을 예감하고 있다. 산수(傘壽)를 지나 시인의 환경을 감안하고 인간존재의 유한성을 시간개념에서 연구해 보고 있는 이상, 죽음에 대한 명상은 영원한 삶으로 이어진다고 하겠다.

　　　푸른 시절 뒤로 하고
　　　이제 황금빛 물결 이룬다

　　　시인의 가는 길에

낙엽이

울긋불긋 색바람에 물들고
해 질 녘 산그림자

들녘에 내려앉은
노을빛이 아름답다

낙엽을 밟으며
사각사각 걸어본다.

- 「가을 여정」 全文

 시인이 가는 길에는 낙엽으로 가득하다. 한여름 무더위를 뒤로 하고 이제 온천지가 울긋불긋 황색 바람에 물들고 해 질 녘에는 마을에 산그림자가 그려져 노을빛이 아름답다. 시인은 황색 들판이 그리움의 빛깔이라는 것을 잘 알고 있다. 일상에서 불러보는 황금색 들판에서 화자는 낙엽을 밟으며 사각사각 걸어보면서, 애절한 마음으로 시적 이미지화를 시도하고 있다. 시린 몸으로 가을을 맞이하는 코스모스와 들국화가 그렇고, 가을 달밤을 기다리는 달맞이꽃 또한 그러하다.

불러도 불러도 대답이 없다
비우고 비워도 더욱 보고 싶다
효도 못 한 탓일까

나 자신이 미워진다
조금 더 잘할 걸
그래도 채워야 했다

다시는 볼 수 없는 줄
뼈저리게 아팠으면
이렇게나 후회할까

왜 담아서 내어주지 못했을까?
엄마, 내가 잘못했어요
비워도 채워지질 않아요!

- 「어머니」 全文

   시는 곧 시인의 정신을 대변한다. 인간은 어려서부터 삶과 죽음의 문제를 가슴에 안고 놓아주지 않았기에 시를 좋아하게 된 계기가 된 건 아닐지 생각된다. 그래서일까! 시인은 어머니에 대한 효도를 시로 나타내고 싶어 했을 것이다. 어린 아이들은 어머니에겐 그지없이 소중하다. 그들은 어머니의 모성과 사랑으로 자란다. 이런 환경에서 자란 가족은 가난했어도 불행하지 않았을 것 같다. 훌륭하게 자란 자녀들은 어머니에게 고마움을 전하는 것으로 시는 이야기하고 있다.

일상에서 불러보는 '어머니,' '불러도 불러도 대답이 없는 어머니'로 애절함을 그리며 화자는 시적 이미지화를 시도하고 있다. 사랑의 본질적 가치 속에 내포된 평범함을 허공에 띄운 이름 '어머니'로 외치고 있다. 사랑에 대해 그대를 못 잊어 하며 일관된 이미지를 만들어내는 시적 탐구의 깊이 또한 평범하지 않다. 오늘도 불러본다. '엄마, 내가 잘못했어요./ 비워도 채워지질 않아요!' 그대 이름 석 자, '어머니' 이 말은 어머니와 화자가 사랑으로 융합이 된 신뢰를 바탕으로 하나를 이루어야 한다는 아름다운 교훈을 담고 있다.

> 길을 가면 걸어온 길은 있다
> 휘어있다
>
> 돌아보면 지나온 길은
> 보이건만 가야 했던 길은

아득히 보이질 않는다

끝이 없다
정처 없다

걸어가는 사람이 많아지면
그것이 곧
길이 되는 것이다.

- 「길」 全文

　서정(抒情) 시인은 길을 걸으면 걸을수록 걸어온 길을 쌓아 놓는다. 뒤돌아볼수록 휘어져 있다. 자꾸만 길이 쌓인다. 쌓인 길을 그려 보니 큰 수확일 수밖에 없다. 이는 그리움과 갈망의 시학이다. '돌아보면 지나온 길은/ 보이건만 가야 했던 길은/ 아득히 보이질 않는다.'고 끝이 없다는 것을 보고 있다. '걸어가는 사람이 많아지면/ 그것이 곧/ 길이 되는 것이다.'라고 시인은 깨닫는다. 되돌아보면 이 시는 시인의 심정을 잔잔하게 묘사한 시이다. 여기서 주목되는 것은 시인의 마음이다. 자연과 더불어 쓸쓸함을 비껴갈 수 없다.

저녁노을이 붉게 탄다

석양 아래가 이렇게 황홀할까?

산등성이도 바다도 모두가
붉게 토해낸다

이렇게 신비스러운 자연을
그 누가 헤아릴 수 있단 말인가?

나의 거룩한 신
하나님 아버지시여!

- 「노을」全文

  해는 서산에 머물러 사람들을 그리움의 공간으로 유혹하고, 추억의 세계로 거슬러 올라가고 싶은 충동을 느끼게 한다. 나아가 신비스러운 자연을 그리며 산등성이를 온통 붉게 물들인다. 서정(抒情) 시인의 시편들은 상실 의식을 그리움이란 매개를 통해 극복될 수 있다는 가능성에 무게를 두고 있다. 화자는 그리움을 통해 상실을 극복하는 과정에서 거룩한 신(神)을 그리고 있다.

나의 우주로다
모두가 내 것이어라

저 끝은 어디엔들 어떠하리
내 마음 그곳에 있으리

해가 솟아 오른 동녘 하늘 아래
그 무엇이 부러울까

난 바다
알 것 같으면서 모르는 비밀을
간직한 너였기에

아무도 모르게
마음껏 사랑한다.

- 「바다에 서서」 全文

   투명했던 바다가 만든 삼천리금수강산, 바다를 수놓던 파도, 하늘을 시원하게 하고, 저 멀리 아득히 보이는 푸른 바다, 수평선 넘어 바다는 나에게 그리움을 불렀고 한없이 짙은 바다는 내 가슴이 드넓게 포용한다.

시인의 시는 언어의 절제를 통한 다양한 이미지로 긴장감을 만들어 탁월한 언어의 선택을 보이고 있다. 화자는 화려한 경력은 없지만, 부단한 노력으로 삶의 지혜를 가르쳐주는 용어를 시적 영감(靈感)으로 포착해 내고 있다. 그동안 그녀의 시를 들여다보면, '그리움'이나 '기다림'이란 시어가 많이 그려져 있음을 본다. 이와 같은 시어를 영혼의 육성으로 가슴 깊이 새겨 어려움을 극복해 내고 있다.

　　　꽃 중의 꽃 매화
　　　하필이면 엄동설한에
　　　무슨 한이 맺혀

　　　찬 서리 눈 덮인 그곳에
　　　그윽한 향기 품어
　　　걸음 멈추게 한다

　　　눈 속에 얼었던 얼굴
　　　연분홍빛을 띠나보다

　　　곧은 의지에 얼굴 내밀어
　　　붉게 더욱 향기롭다.

- 「매화」 全文

　시인은 '한겨울 눈보라를 이겨내고 터져 나오는 매화 봉오리를 보고 낯익은 모습 반갑고 눈물겹다'고 읊으며 낯익은 사람들의 변형된 모습과 행동을 그린다. '눈 속에 얼었던 얼굴/ 연분홍빛을 띠나보다.' 즉 앞으로도 거센 삶의 풍광을 헤치며 살아가야 할 운명인 것을! 화자는 이런 모습이 눈물겹다고 읊는다. 서정(抒情) 시인의 시정신을 구현하는 세계 인식 방법은 여행에 대한 깊은 성찰에 이르러 더욱 밀도 있는 형이상학을 보여주고 있다. 시인은 매화 안에 있는 우아하고 화사한 여성스러움을 보면서 한겨울의 연분홍 매화 봉오리를 상상한다.

　　　새하얀 햇빛 아래
　　　방울방울 보석이 찬란하다

　　　참 너는 어떻게 빛난 보석이 되어
　　　잠시라도 황홀함을 더 할 수 있을까?

　　　진줏빛 물방울
　　　언제나 그렇게 이슬로

남아 주었으면

이 세상 또 다른 세상
더욱 아름다워지겠지!

- 「아침 이슬」 全文

 시의 제목은 평이하지만, 보편적 관찰을 형상화한 함축의 메시지는 그 의미가 깊다. 이 시의 창작 동기는 일상에서 흔히 있는 일이다. 이른 아침 누구나 쉽게 볼 수 있는 아침 이슬을 감성이 예민한 화자는 이 체험에서 기발한 발상을 얻어 한 편의 시를 쓴다. 사물을 관찰하는 시안(詩眼)이 열려 있고 메시지가 간결하면서 의미가 있어 소재와 관계없이 자유롭게 창작할 수 있는 세련미를 지니고 있음을 감지하게 한다. 맑고 깨끗한 아침 이슬에서 아름다운 세상을 발견할 수 있듯이, 화자의 감수성이 예민함을 증명하고 있다.

비가 온다
바람과 함께 낙엽이
갈 곳을 잃는다

대지를 빗질하니

지난날 추억을 속속히 물 머금고
사색이 깊어만 간다

길은 어둡고 귀뚜라미 소리도
들리지 않는다

어느 때 그칠지
바람 소리 속속히 불어온다
음악의 장르
단조 맞추며 주룩주룩 내린다.

- 「가을비」 全文

'가을비'의 특성은 관조적인 자세로 삶을 통찰하고 있고 애상적이다. 시간적 순서에 따라 시상이 전개되며 가을의 자연현상을 통해 인간 삶의 모습을 다루고 있다. 가을비, 낙엽, 귀뚜라미 소리, 바람 소리 등은 가을 분위기와 사랑의 쓸쓸함을 나타내는 소재들이다. 다시 말해, 인간의 보편적 삶의 모습이 자연의 순리에 따르는 삶과 같다는 것이다. 마치 가을이 되어 비가 오고 바람이 불면 잎이 지는 것처럼 자연의 섭리대로 사랑하고 헤어지고 그리워하는 것이 우리 삶의 모습이라는 것이다. 비도 주룩주룩 장단에 맞춰 내리는 듯하다.

시인은 만물의 순리를 따른다
드넓은 자연을 본다

내가 하고자 하는 지평선을 넘어
그곳에 이른다

시인은 소소한
바람만 안고 산다

어디에 있든 명상하며
머나먼 그곳에도 나래를
하염없이 편다.

- 「시인은」 全文

  시인은 대체로 이 시대에 꼭 필요한 메시지를 함축하여 진리적 깨달음을 내포한 시를 쓰고 있다고 볼 수 있다. 그리하여 시집이나 시를 쉽게 값을 정하는 것은 어려운 일이라고 볼 수 있다. 더구나 시인이 쓴 시를 시집에 비교하여, 즉 시를 출판이나 종잇값에 비유하여 정하는 것은 하마터면, 시가 공짜라는 인상을 줄 수 있다. 시인에게 각자의 시는 귀하고 소중한 것이어서 값을 매길 수 없다는 시인의 인식이 깔려있다고 보아야 할 것이다. 자부심을 느끼고 혼신의 힘을 기울여 창작에 임하고 작품집으로 세상에 내어놓는 것이 지혜로운 것이 아닐까 싶다.

> 그러던 어느 날부터 비행기가 바로 지붕 위로 다니며 날마다 요란스럽더니 갑자기 괴뢰군, 반란군, 인민군인지 쳐들어와서 우리 집 모든 걸 자기들 소유로 삼아버렸다. 6·25는 나에게 많은 상처를 주었다. 자기들 것처럼 바꾸어 우리 가족은 건넛방 한 칸으로 밀려났다. 우리 어머니 얼마나 어이없어 당황하며 황당하셨을까? 말 그대로 기가 막혔을 것 같다. 난 깊은 사정을 잘 모르니 익숙한 우리 집이기에 앞뒤로 왔다 갔다 했다.

-「우리 엄마」部分

훌륭한 이력을 남기고 간 역사적 인물이나 위대한 존재들의 배후에는 반드시 어머니가 계셨다. 조선시대 훌륭한 학자 율곡 선생의 뒤에는 어머닌 신사임당이 있었다. 보나파르트 나폴레옹의 배후에는 어머니 레티치아(Letizia)가 있었다. 나중에 황제가 된 나폴레옹은 어머니의 도움으로 황제가 되었다고 하였다.

위대한 인물, 역사적인 일이 아니더라도 화자는 시인으로 수필가로 그 누구에게도 쉽게 찾아보기 어려운 내용을 후세를 위해 기록하고 있다. 어머니가 의식 속에 생존하고 계셨기 때문에 절망을 극복하고 시인의 길, 수필의 길을 걸어올 수 있었다고 생각된다. 서정 시인은 6·25 사변을 겪으며 어머니의 한(恨)을 가슴 속에 그리는 작업을 하였을 것이다. 대문호 셰익스피어의 명언 '여성은 약하다. 그러나 모성은 강하다.'라는 말이 평자의 귓가에 들려온다.

3. 맺음말

인간이면 누구라도 꿈을 꿀 것이다. 그런데 시인은 이 꿈을 만들어서 테이블에다 내놓는 사람이라 해도 좋을 듯하다. 수필은 관조(觀照)와 체험의 문학이다. 또한, 신변을 해석하여 인생의 사유를 유도하고 공감을 얻어내야 한다. 진실의 세계를 다룬다는 측면에서 볼 때, 수필은 어느 문학보다 감동의 전달력이 강한 문학 장르다. 지난밤에 조용한 틈을 타 나 자신을 돌아봤다. 비록 시적 자아로 암시되는 경우라 할지라도, 머릿속에 쌓여있는 많은 꿈 가운데 하나도 이루지 못해 아쉬워서 혼자 흐느꼈다. 꿈을 꾸었다. 간밤에 새빨간 꿈을 꾸었다. 너무 행복하여 꿈속에서 울었다. 깨고 보니 꿈이었다. 꿈은 아름답고 시들지 않는다. 꿈속에서 이루어진 것이 이승에서도 이루어졌다. 즉 따뜻한 가슴을 가진 시인에게는 말이다. 시는 정신세계를 언어로 표현하는 예술이다. 그 특성은 아름다움이다.

 이광자 시인의 시에 등장하는 모든 시어는 단순하게 표출되지만, 내심(內心)으로는 거의 상징이고 은유이다. 이를 바탕으로 주저함이 없이 가사를 쓴다. 이광자 수필가가 그린 가족은 평화롭고 따뜻하다. 소재를 다루는 솜씨나, 얘기를 만들어가는 서술이 빼어나 서정 작가의 수필이 독자의 시린 가슴을 녹이게 될 것이다.

 이번 이광자 시인이 상재(上梓)한 첫 번째 수필집 『내가 여기 있음에』를 통해 그녀의 삶이 시가 되고 그녀의 수필이 삶이 되는 것을 보여준 명상(瞑想)의 궤적(軌跡)을 그려 보았다. 시인은 연륜이 있음에도 현실 앞에 능동적 삶을 스스로 던지며, 전통적으로 내려오고 있는 선비의 기개와 시상(詩想)을 담은 가슴으로 만학의 열정을 시로, 수필로 승화시

키면서 끊임없이 정진하는 서정(抒情) 시인에게 박수를 보낸다. 서정 시인은 삶의 철학과 자신을 보듬고 있는 가족이 있어 오늘도 이광자(李光子) 작가의 글이 들려주는 따뜻한 목소리에 독자들은 아련한 추억을 만들어가며 행복한 하루하루를 보내리라.

내가 여기 있음에

초판인쇄 2024년 11월 25일 초판발행 2024년 11월 30일

지은이　이광자
펴낸이　장현경　펴낸곳　엘리트출판사
편집디자인　마영임
등록일　2013년 2월 22일 제2013-10호

서울특별시 광진구 긴고랑로15길 11 (중곡동)
전화 010-5338-7925
E-mail : wedgus@hanmail.net

정가 18,000원

ISBN 979-11-87573-46-3 03810